MERIAN *live!*

Provence

Gisela Buddée kam als Journalistin zum ersten Mal in die Provence und besucht die Region seitdem privat immer wieder. Fasziniert von Licht und Farben fühlt sie sich dort längst zu Hause bei Freunden.

 Familientipps
 Diese Unterkünfte haben behindertengerechte Zimmer
 Ziele in der Umgebung

Preise für ein Doppelzimmer ohne Frühstück:

€€€€ ab 210 €   €€ ab 90 €
€€€ ab 150 €   € bis 90 €

Preise für ein dreigängiges Menü ohne Getränke:

€€€€ ab 32 €   €€ ab 18 €
€€€ ab 25 €   € bis 18 €

Inhalt

Willkommen in der Provence — 4

10 MERIAN-**TopTen**
Höhepunkte, die Sie sich nicht entgehen lassen sollten 6

10 MERIAN-**Tipps**
Tipps, die Ihnen die unbekannten Seiten der Region zeigen 8

Zu Gast in der Provence — 10

Übernachten 12
Essen und Trinken 14
grüner reisen 18
Einkaufen 22
Feste und Events 24
Sport und Freizeit 26
Familientipps 30

◂ Blick auf Lacoste (▶ S. 52) – weite Sonnenblumenfelder sind typisch für das Vaucluse.

Unterwegs in der Provence   32

Avignon und Haut-Vaucluse 34
Luberon 46
Im Fokus – Lavendel 54
Arles und Camargue 56
Zwischen Alpen und Meer 66

Touren und Ausflüge   84

Den Grand Canyon du Verdon entlang 86
Vom Plateau de Vaucluse zum Luberon 88
Zum Gipfel des Mont Ventoux 90
Durch die Camargue 91

Wissenswertes über die Provence   92

Auf einen Blick 94	Kartenlegende 109
Geschichte 96	Kartenatlas 110
Sprachführer Französisch 98	Kartenregister 120
Kulinarisches Lexikon 100	Orts- und Sachregister 124
Reisepraktisches von A–Z 102	Impressum 128

✱ Karten und Pläne

Provence .... Klappe vorne	Grand Canyon du Verdon 87
Marseille .... Klappe hinten	Kartenatlas 109–119
Avignon 37	
Arles 59	Die Koordinaten im Text verweisen auf die
Aix-en-Provence 69	Karten, z. B. ▶ S. 118, A 20.

Extra-Karte zum Herausnehmen .... Klappe hinten

Willkommen in der Provence

Licht und Lavendel, silbergrüne Olivenhaine, Dörfer wie Adlerhorste, Weine wie Samt und alte Städte voller Kultur.

Wann kommt man an? Wenn sich hinter Lyon ganz allmählich die Landschaft verändert, die schlanken Zypressen in den Himmel wachsen, die ersten knorrigen Olivenbäume der hochstehenden Sonne trotzen und gebleichte Ziegel auf den Dächern vom Süden erzählen? Der weiße Kalkrücken des Mont Ventoux, wie von Schnee bedeckt, unter azurblauem Himmel leuchtet? Wenn die schmalen Gassen der blumengeschmückten Dörfer an einem Platz mit leise plätscherndem Brunnen enden, neben dem die Boulekugeln unter Schatten spendenden Platanen klacken? Oder erst, wenn auf dem Weg zwischen endlosen Weinfeldern, vom ewigen Zirpen der Zikaden begleitet, die Luft plötzlich nach Mittelmeer riecht?

Es gibt ja nicht eine Provence. Aber alle, die von Norden kommen, lassen sich wie unzählige Maler und Autoren vor ihnen vom Licht des Midi bezaubern, das die Konturen der Region prägt und die Farben leuchten lässt. Und wer den Mistral erlebt, den heftigen eisigen Wind, der selbst im Sommer bisweilen das Rhône-Tal hinunterfegt, nimmt dann verwundert die Silhouetten ferner Orte wahr, die sich nun wie nahe Scherenschnitte vor den Horizont schieben.

Die Landschaft der Provence ist lieblich wie im Luberon, schroff wie in den Alpillen, rau wie am Mont Ven-

◄ Jeden Werktag bauen die Händler auf der Place Richelme (▶ S. 72) in Aix ihre überbordenden Stände auf.

toux, einsam wie in der Montagne de Lure, wild wie in den Calanques, den tiefblauen Fjorden bei Marseille, geheimnisvoll in den Schluchten des Verdon und unendlich grün und blau und flach in der Camargue. Wer weiß schon, welche Provence ihm die liebste sein wird? Man muss sich Zeit nehmen für Entdeckungen …

Hundert Kulturen

So abwechslungsreich wie die Topografie sind die Orte, gemeinsam dagegen präsentieren sie Besuchern die Hinterlassenschaft von fast 100 Kulturen aus mehr als 2000 Jahren, Ruinen wie in Vaison-la-Romaine oder Saint-Rémy-de-Provence und Höhlen wie bei Marseille und in Gordes und wiederum als Patrimoine, Kulturerbe, liebevoll erhaltene und gepflegte antike Theater wie in Orange und Arenen wie in Arles, die heute ganz zeitgemäß genutzt werden.

Nichts davon macht die Städte zu Museen, sie sind schließlich zum Leben da, zu dem neben der Arbeit das Feiern gehört: so der – mittlerweile umstrittene – Stierkampf in Arles wie das verblüffend jung gebliebene Theaterfestival in den mittelalterlichen Mauern Avignons. Oder die Oliven-, Melonen-, Kirsch-, Mandel- oder Lavendelfeste in unzähligen Orten, die allen signalisieren: Es ist so weit, die Ernte wird eingebracht. Mit den Kirschen im Mai fängt es an. Und dann türmen sich die Früchte auf den Märkten, mischen sich die Melonendüfte mit jenen des feinen Käse, der eingelegten Oliven, der Thymian- und Rosmarinsträucher.

Und dann ist da noch die Metropole Marseille, dieses Riesenkonglomerat aus individuellen Dörfern, lebensfrohe Hafenstadt und Völkergemisch, Tor nach Afrika – und nach Korsika –, in dem seit Jahren am Ziel »Europäische Kulturhauptstadt« gebaut wird. 57 km Küste liegen am Fuß der Hügel, die die Stadt umgeben, und 36 Tauchclubs laden zum Besuch der vielfältigen Unterwasserwelt ein. Für Sportliche ist die Provence ohnehin ein Paradies zwischen Himmel und Wasser.

Traumziel für Aktive

Alpinisten finden schroffe Wände nicht nur in den Calanques, Kajakfahrer zieht es in die wilden Schluchten des Verdon, die Hochprovence lockt Gleitschirmflieger, die Pferde der Camargue warten auf Reiter, und mit der Route Forcalquier–Montagne de Lure gibt es für Radfahrer eine ausgeschilderte Traumstrecke durch zehn Orte. Wanderer schließlich treffen auf den Höhen des Luberon an manchen Tagen nur Schafherden.

Unausrottbar scheint die Mär, man müsse fließend Französisch sprechen, alles andere hielten die Einheimischen für völlig unzumutbar. Der Eindruck mag daher kommen, dass die allermeisten Provence-Urlauber Franzosen sind. Aber sie können auch sehr geduldig sein, wenn man nur geringe Sprachkenntnisse hat, und nehmen in bewährter Art die Hände zu Hilfe, um Wege zu weisen und Zimmer zu zeigen. Und wer abends mit Boulekugeln auf dem Dorfplatz steht, hat auch ohne ein Wort Französisch die Chance, zum Spiel eingeladen zu werden. Wer dann im Café noch eine Runde ausgibt, kann sicher gerne wiederkommen.

MERIAN-TopTen
MERIAN zeigt Ihnen die Höhepunkte der Region: Das sollten Sie sich bei Ihrem Besuch in der Provence nicht entgehen lassen.

1 Theaterfestival in Avignon
Theaterleuten so wichtig wie den Modemachern die große Show in Paris. Während des Festivals wird die ganze Stadt zur Bühne (▶ S. 25, 35).

2 Lavendelfelder
Der Duft auf den Plateaus de Vaucluse und de Valensole erfüllt die Luft bis lange nach der Ernte (▶ S. 42, 54, 76).

3 Durch den Luberon
Ein romantischer Fleck, wunderschöne Dörfer, Burgruinen, Lavendelfelder und herrliche Wanderwege (▶ S. 47, 88).

4 Abbaye de Sénanque
Das abgeschiedene Zisterzienserkloster aus dem 12. Jh. ist ein Ort meditativer Stille (▶ S. 49).

5 Roussillon
Sanft beige, kräftig gelb und ziegelrot leuchten die Felsen, das Dörfchen schmücken dieselben Farben (▶ S. 50, 89).

6 Kreuzgang von Saint-Trophime, Arles
Eine Oase der Ruhe: Steine erzählen vom Leben Jesu, vom Drachen Tarasque und dem hl. Trophime (▶ S. 58).

 Parc Naturel de Camargue
Ein Paradies für Tiere im Schwemmland des Rhône-Deltas – am besten zu erleben, bevor die Sommergäste kommen (▸ S. 63, 91).

 Cours Mirabeau, Aix
Lebhaft von morgens bis Mitternacht zeigt sich dieser herrliche Boulevard in Aix-en-Provence – flanieren Sie einfach mit (▸ S. 68)!

 Grand Canyon du Verdon
Bis zu 700 m fallen die Felsen steil hinab – Wanderer, Alpinisten und Kanuten haben ihre Freude daran (▸ S. 74, 86).

 Calanques bei Marseille
Ein Schiff möchte man haben, um zu den tiefblauen Wassern und Mini-Stränden dieser Buchten zu gelangen (▸ S. 78).

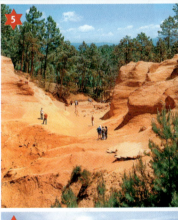

MERIAN-Tipps Mit MERIAN mehr erleben. Nehmen Sie teil am Leben der Region und entdecken Sie die unbekannten Seiten der Provence.

 Trüffelernte, Richerenches
Mit Bauer und Hund auf Trüffeljagd: Man kann dabei sein, wenn das große Geheimnis enthüllt wird (▶ S. 15).

 Die Nacht des kleinen St. Johannes, Valréas
Seit 1504 wird bei diesem Fest in Valréas ein Kind gewählt, das die Stadt ein Jahr lang beschützen soll (▶ S. 42).

 Dentelles de Montmirail
Eine verwunschene Gebirgslandschaft abseits der Touristenströme, fast alpin mit winzigen Weilern (▶ S. 45).

 Sorgue-Tour, Fontaine-de-Vaucluse
Kein großer Aufwand, kein spektakuläres Event, nur ein angenehmes Sommervergnügen für Eingeweihte (▶ S. 48).

 Goult
Nehmen Sie sich eine Stunde, um durch die Geschichte eines typisch provenzalischen Dorfes zu wandern (▶ S. 49).

 Oppède-le-Vieux
Im 16. Jh. wurde der Ort verlassen. Nun lebt er wieder auf, mit Künstlern, Lokalen und pittoresken Ruinen (▶ S. 53).

7 La Gousse d'Ail, Saint-Rémy
Ein uraltes Karussell und anderes Spielzeug verkürzt beim Warten auf ein gutes Mahl in Saint-Rémy-de-Provence die Zeit (▶ S. 63).

8 Le Prince Noir, Les Baux
Einen Morgen und einen Abend lang den Ort Les Baux so erleben, wie es war, als die meisten Touristen noch vorbeifuhren (▶ S. 65).

9 Montagsmarkt, Forcalquier
Ein riesiger Markt verschlingt die Stadt und verzaubert mit den Farben und Düften der ganzen Provence (▶ S. 77).

10 Badefreuden in Marseille
Die Auswahl ist groß: einsam auf einem Inselchen, am kinderfreundlichen Sandstrand oder dort, wo Tag und Nacht das Leben tobt (▶ S. 83).

Von Montag bis Samstag wird vormittags auf der Place Richelme in Aix-en-Provence ein Lebensmittelmarkt (▶ S. 72) abgehalten – ein wahres Fest für die Sinne.

Zu Gast
in der Provence

Ob Luxushotel oder Schäferklause, Geschichte der Päpste oder Parfümherstellung, Schluchten, Berge und Naturparks – die Provence birgt eine immense Vielfalt.

Übernachten
Stadtvilla, Gästezimmer oder ehemaliges Kloster – an Unterkünften mit Flair herrscht kein Mangel. Neugierige folgen einem Hinweis am Straßenrand und finden mit etwas Glück verwunschene Herbergen.

◂ Schlichte Eleganz bestimmt das Hôtel Cloître Saint-Louis (▸ S. 38) in Avignon in einem Kreuzgang aus dem 16. Jh.

Kurz entschlossen im Juli und August, zu Pfingsten oder an Frühsommerwochenenden geht nichts oder fast nichts mehr. Dann macht Frankreich Ferien. Wer in dieser Zeit nach langer Tagestour einen Ort sucht, um das müde Haupt zu betten, wird meist vor dem Schild »complet« scheitern.
Hotels, überwiegend mit zwei und drei Sternen, weniger oft mit vier oder mehr Sternen bedacht, bieten Doppelzimmer ohne Frühstück ab 55 € an. Während der Sommermonate empfiehlt sich, vor allem in den Städten, die Frage nach Klimaanlage oder Ventilator. Die Nächte, nicht nur in Avignon, können dann sehr laut und stickig-heiß sein.

In kleinen Orten in Zentrumsnähe, in größeren am Rand findet man zunehmend auch Hotelanlagen, in denen sich ein Teil der Zimmer, oft mit eigener Terrasse, um einen Swimmingpool (»piscine«) gruppiert und das Auto nachts in geschlossenen Höfen abgestellt werden kann.

Für das gewöhnlich karge **Frühstück** – Kaffee, Croissant, Baguette, ein Stückchen Butter und Marmelade – werden 7 € und mehr verlangt. Wer zwei große Tassen Kaffee trinkt, beginnt den Tag im Café nebenan auch nicht günstiger, höchstens in anregender Atmosphäre.

Günstige Landquartiere

Chambres d'hôtes, Gästezimmer, werden stets mit Frühstück gebucht. Table d'hôte ist ein Mahlzeitangebot, bei dem üblicherweise auch wenige Zimmer vermietet werden. Neugierige, die keine Unterkunft reserviert haben, seien ermutigt, solchen Hinweisen am Straßenrand zu folgen. Zuweilen entdeckt man dabei wahrhaft verwunschene Herbergen. Ihre Zahl nimmt zu, in den Städten, in den Dörfern wie auf dem Land, und es lohnt eine Erkundigung danach bei der Touristeninformation. Für ein Zimmer mit Frühstück muss man ab 50 € bezahlen, Infos über Sehenswertes in der Umgebung bekommt man gratis dazu. Eine Fülle solcher Angebote findet man beispielsweise unter www.likhom.com.

Ferienwohnungen und -häuser werden generell nur wochenweise, bisweilen sogar für 14 Tage vermietet. Von September bis Mai steht den Provence-Bummlern eine große Auswahl zur Verfügung, und selbst in der Vaucluse, dem Urlauberzentrum der Region, ist gewiss noch eines der insgesamt 130 000 Betten frei.

Comité Régional de Tourisme Provence-Alpes-Côte d'Azur
▸ Klappe hinten, c 1
Les Docks, 10, place de la Joliette, 13567 Marseille Cedex 2 • Tel. 04 91 56 47 00 • www.tourismepaca.fr

Fédération Internationale des Logis
Logis de France zur Info über selbstständige private Hotels ist nun international, aktuelle Verzeichnisse gibt es kostenlos in jedem Logis-Hotel. 83, avenue d'Italie, 75013 Paris • Tel. 01 45 84 83 84 • www.logishotels.com

Empfehlenswerte Hotels und andere Unterkünfte finden Sie bei den Orten im Kapitel ▸ **Unterwegs in der Provence.**

Preise für ein Doppelzimmer ohne Frühstück:

€€€€ ab 210 €	€€ ab 90 €
€€€ ab 150 €	€ bis 90 €

Essen und Trinken
Lebensgenuss auf Provenzalisch und Michelin-Sterne zuhauf – hier kommen Kenner ins Schwärmen. Aber auch ein ausgiebiger Marktbesuch mit anschließendem Picknick im Grünen macht Spaß.

◀ Hier entsteht die »fougasse«, das typische provenzalische Brot, in das oft Oliven, Speck oder Tomaten eingebacken werden.

Fünf Sterne für ein Picknick, dessen Zutaten man gerade auf dem Markt erstanden hat, in Forcalquier oder Cavaillon, Apt oder Vaison-la-Romaine, weil man sich von Düften und Farben hat verführen lassen: schwarze Oliven, eingelegt in **Herbes de Provence**, der provenzalischen Kräutermischung aus Thymian, Rosmarin, Majoran und Lorbeer, mit leichtem Knoblauchduft. Gewürzte »fougasse« oder Baguette oder ein Landbrot, Ziegenkäse aus dem Luberon, mit Kräutern, Pfeffer, Paprika oder Kastanienblättern. Duftende Tomaten, Cavaillon-Melonen, schwer und gerippt, dann sind sie gut. Zum Nachtisch vielleicht noch ein Stück weißer Nougat aus Sault, entstanden aus Lavendelhonig, gebrannten Mandeln, Zucker, Eiweiß und Bourbonvanille. Und eine Flasche Wein natürlich. Es muss ja keine große Lage sein wie **Châteauneuf-du-Pape**, **Vacqueyras** oder **Gigondas**. Wunderbare Roséweine gedeihen etwa am Mont Ventoux. Auf der Karte stehen fremde Namen, die man in keinem Wörterbuch findet, »daube« vielleicht als Gulasch. Aber »crespèou« ist eine Omelettspezialität, »caillettes« sind Schweinefleischstücke mit Kräutern, »piedspaquets« Kutteln mit Hammelfüßen.

Mediterrane Fischgerichte

Vielleicht als Vorspeise eine Fischsuppe? Sie wird in der Terrine aufgetragen, dazu Weißbrot (im Idealfall kross geröstet), geriebener Käse und »rouille«, eine von Peperoni scharfe, rote Knoblauchmayonnaise. Man bestreicht das Brot damit, bevor man Käse darüber streut und die heiße Suppe darauf gießt, die alles zu einem wohlschmeckenden sämigen Brei verschmilzt. Die »marmite de pêcheur«, der Kochtopf des Fischers, ist eine Variante der Bouillabaisse, auch die längst kein Arme-Leute-Essen mit zusammengekochten Fisch-

---

MERIAN-Tipp

TRÜFFELERNTE ▶ S. 111, F 1

»La Rabasse« heißt der Schwarze Diamant oder die Trüffel in der Provence, und aus der Vaucluse kommen 74 % der französischen Ernte. Als Trüffel des Périgord werden sie verkauft, weil die großen Verarbeitungsbetriebe dort ihren Sitz haben. Von Mitte November bis Mitte März kann *Tuber melanosporum* geerntet werden. Dafür muss man ihn finden, und das erledigen in der Vaucluse Hunde, die darauf dressiert sind – sie sind nicht so gefräßig wie die Trüffel-Schweine. Als »cavage« bezeichnet man die Ernte, und nicht immer ist sie so geheimnisvoll, wie gerne erzählt wird. In Richerenches können Besucher daran teilnehmen, eine Stunde oder einen ganzen Tag dem Trüffelfest beiwohnen: vormittags beim Trüffelmarkt am Sonnabend, nachmittags bei der Suche. Danach bietet die Domaine Saint-Alban eine Verkostung gutseigener Weine an, und man kann Schweinepastete mit Trüffeln, Trüffelessig oder Trüffelomelett entdecken. Richerenches, Domaine Saint-Alban, M. Christian Allegre, Chemin de Bourbouton • Tel. 04 90 28 01 66 • www.richerenches.fr

resten mehr, sondern zur Suppe gereichte, erstklassige Mittelmeerfische. Erlesene Adressen werden weitererzählt, deren berühmteste an der schönen Corniche von Marseille liegt.

> **WUSSTEN SIE, DASS ...**
>
> ... Franzosen die Güte einer Melone mit der Hand bestimmen? Sie wiegen mehrere und wählen die schwerste, das ist die süßeste mit dem höchsten Zuckergehalt.

Das gute Drei- oder Vier-Gänge-Menü hat seinen Preis und dauert auch eine vergnügliche Weile. Wenn der Aperitif auf das freudige Ereignis eingestimmt hat, die Vorspeisen den hungrigen Magen besänftigt haben und man froher Erwartung dem Hauptgericht entgegensieht, dann weiß man, dass so eine Mahlzeit nichts mit Stillen des Hungers zu tun hat, das ist einfacher und preiswerter zu haben. Sie führt aber vielleicht ein bisschen zum Verständnis des Landes, zur Erkenntnis der hiesigen Erde, deren Duft in den Artischocken wie im Reis der Camargue steckt. Im Idealfall ist man gut gesättigt, aber nicht zu sehr, der Wein war gut, man hat nach dem Käse noch Sorbet oder eine »tarte« genossen, einen kleinen schwarzen Café getrunken und kann den Abend gut gelaunt beschließen.

Welchen Käse wählt man aus dem Angebot – bitte nicht mehr als zwei, allerhöchstens drei Stückchen abschneiden lassen –, dessen Duft so verführerisch in die Nase steigt? Auf starke Aromen muss man gefasst sein und auf intensiven Geschmack: Tomme de brébis, Schafskäse aus Arles, oder Tomme de chèvre, Ziegenkäse aus den Vaucluse-Bergen. Auch Frischkäsesorten mit Salz, Kräutern und ein paar Tropfen Olivenöl werden angeboten wie der Brousse du Rove aus Marseille. Mancher wird gar mit Obst als Süßspeise serviert.

Weißwein aus Cassis

Welchen **Wein** in dieser Gegend, da er überall auf Feldern und an Hängen wächst? Das hängt ein bisschen vom Restaurant ab, das man gewählt hat. Im günstigen Lokal kann man ihn ohne Weiteres »en pichet«, als offenen Wein im Krug, bestellen. In teuren Häusern werden dagegen nahezu ausschließlich Produkte mit kontrollierter Ursprungsbezeichnung (AOC) angeboten. Körperreich und kräftig ist etwa der **Châteauneuf du Pape**, vollmundig schmecken die Weine der kalkhaltigen Böden, die **Côtes du Ventoux** und **Côteaux du Luberon**, und der unbestritten beste Weißwein der Region wächst an den Hängen von Cassis.

Mittags werden günstige »plats du jour«, also Tagesgerichte mit Vorspeise und Hauptgericht, um 8–15 € angeboten. Schnellimbisse aller Art, Pizzerien und Crêperien versorgen Eilige und alle, die keinen allzu großen Hunger haben. Zur Abendessenszeit, von 19.30 Uhr bis etwa 21.30 Uhr, sind die Straßen leer gefegt und beleben sich erst später wieder. An Wochenenden, Feiertagen und in den Sommermonaten tut man gut daran, rechtzeitig einen Tisch für das Dîner zu reservieren.

Empfehlenswerte Restaurants finden Sie bei den Orten im Kapitel ▶ Unterwegs in der Provence.

Preise für ein dreigängiges Menü:

€€€€ ab 32 €	€€ ab 18 €
€€€ ab 25 €	€ bis 18 €

grüner reisen

Wer zu Hause umweltbewusst lebt, möchte dies vielleicht auch im Urlaub tun. Mit unseren Empfehlungen im Kapitel grüner reisen wollen wir Ihnen helfen, Ihre »grünen« Ideale an Ihrem Urlaubsort zu verwirklichen und Menschen zu unterstützen, denen ein verantwortungsvoller Umgang mit der Natur am Herzen liegt.

Bauern retten Dörfer mit Bioprodukten

Fernab des Massentourismus sollen Besucher ihre Ferien verbringen, im Einklang mit der Natur – so wollen es die 37 Gemeinden, die sich zu **La Provence Verte** zusammengeschlossen haben. Eine von ihnen, Correns, nennt sich seit 1999 »Bio-Dorf«. Die dortigen Bewohner waren die Ersten, die sich nahezu gesammelt zu nachhaltiger Landwirtschaft entschlossen hatten. Damit konnte der Ort seine Zukunft retten, als Immobilienmakler schon den Wert des Bodens schätzten. **Heureuse Camargue**, glückliche Camargue, vereint Bio-Bauern und gehobene Gastronomie und will nachhaltiges Wirtschaften fördern. In mehreren Phasen haben die **Marais du Vigueirat** bis 2007 die Voraussetzungen für einen dauerhaften Ökotourismus geschaffen. Das heißt aber auch, dass die jährliche Besucherzahl limitiert ist und viele Areale nur mit Führung zugänglich sind. Bio, hier meist »Eco« genannt, ist von Arles bis Marseille manchem zum Zauberwort im Ringen um die Gunst der Gäste geworden. Damit schmücken sich Restaurants, Bio-Bauernhöfe laden zu Kostproben im Vaucluse, und selbst übernachten kann man in der Provence im »ecogîte«. Inzwischen haben sich auch im Vaucluse zwölf Winzer zur Gruppe **Bio Ventoux** zusammengefunden.

ÜBERNACHTEN

Maison Valvert ▸ S. 114, B 12

Mehr als fünf Sterne – aber das ist der Luxus, den Gäste in 4 m Höhe zwischen Kiefern mit Blick auf den Kleinen Luberon auf jeden Fall genießen. Beim Aperitif in den Bäumen auf der 10 qm großen Terrasse unter dem Himmel der Provence fühlt man sich bereits allem Irdischen enthoben. Unweit von Bonnieux befindet sich ein wunderschönes Baumhaus, das die Firma La Cabane Perchée auf dem Grundstück eines Bauernhofs aus dem 18. Jh. gebaut hat. Luxuriöse Gästezimmer gibt es jedoch auch im Haus, dessen provenzalische Bauweise mit den dicken Mauern erhalten wurde, die dem Klima trotzen. Kastanien, Kirschen und Oliven gedeihen auf dem Land, das zur Domäne gehört, die Urlauber können sich im Schwimmbad erfrischen, und an drei bis vier Tagen in der Woche wird zum Essen an der Table d'hôte eingeladen.
Bonnieux, Route de Marseille • Tel. 04 90 75 61 71 • www.maisonvalvert.com • 2 Zimmer, 1 Suite, 1 Baumhaus • €€€€

Domaine des Trois Bories ▸ S. 114, B 11

Vor dem Aufstehen in den Himmel blicken kann man in den »bories«, den aus Trockenmauern wie große Bienenkörbe gestalteten Hütten in der Nähe des berühmten Ortes Gordes im Vaucluse. Auf einem 3 ha großen, von Mauern umgebenen Gelände sind diese Natursteinhütten allerdings schon sehr viel komfortabler als zu Zeiten, da Schäfer hier nächtigten und ihre Arbeitsgeräte unterstellten. Das traumhafte Anwesen mit den originellen Gästezimmern bietet Besuchern neben dem weiten Blick in die Landschaft auch ein Schwimmbad.
Gordes, Col de Gordes • Tel. 04 32 50 22 87 • www.domainedes3bories.com • 3 Zimmer, Suite, Bories • €€

Atelier Jardin ▸ S. 118, A 19

Am Ortsrand von Valensole haben der Töpfer Jean-Nicolas Gérard und seine Frau Viviane Hamon eine alte Scheune in ein Gästehaus verwandelt. Wo in früherer Zeit Mandeln gelagert wurden, ist nach baubiologischen Vorgaben ein Haus aus hochwertigen Materialien entstanden. Das Dach aus Zedernholz, energiesparende Solarzellen und ein kleiner Garten, der nur wenig Wasser braucht – das gehörte zu den Bedingungen, um das Label »Ecogîte« benutzen zu dürfen. Die damit ausgezeichneten Unterkünfte müssen strenge Forderungen erfüllen wie eine der Umgebung angepasste Bauweise, die Verwendung lokaler unbedenklicher Materialien und den Einsatz erneuerbarer Energien.
Valensole, 1 bis, Faubourg du Ratonneau • Tel. 04 92 74 94 26 • www.atelier-jardin.com • 2 Appartements, 2 Gästezimmer • €

ESSEN UND TRINKEN

L'Atelier ▸ S. 59, b 3

Eine Bio-Küche, in der Jean-Luc Rabanel ausschließlich Gemüse, Früchte und Kräuter aus biologischem Anbau verwendet und zu wahren Gaumenfreuden verarbeitet, hat 2009 den zweiten Michelin-Stern bekommen. Aber es gibt nicht nur faszinierende gehobene Kochkunst. Die Gäste des Hauses können sich im Bio-Garten, der Rabanel beliefert, selbst mit einem Korb voller ökologisch einwandfreier Produkte für das Picknick versorgen.
Arles, 7, rue des Carmes • Tel. 04 90 91 07 69 • www.rabanel.com • Mo, Di geschl. • €€€€

GRÜNER REISEN

La Chassagnette ▶ S. 113, E 7
Die einstige Schäferei bei Arles birgt jetzt im schönen Gemüsegarten mit ökologischem Anbau ein erstklassiges Restaurant, für das Armand Arnal mit einem Michelin-Stern ausgezeichnet wurde. Bei schönem Wetter genießt man die kulinarischen Köstlichkeiten auf der Terrasse, für Schutz vor Mücken ist gesorgt. Wem es gefällt, der kann sich auch gleich zum Kochkurs anmelden (Mo und Fr außer Juli/Aug., 90 €).
Le Sambuc • Tel. 04 90 97 26 96 • www.heureuse-camargue.com • Di und Mi geschl. • €€€€

EINKAUFEN
Ferme Cueillette ▶ S. 114, B 13
Man merkt sofort: Hier fasst man selbst mit an. Selbst ernten auf dem Öko-Bauernhof kann man auf 3 ha das reife Obst und Gemüse und hat dann das nächste Picknick schon bereit. Wer Tomaten, Gurken, Paprika, Auberginen, Salate, Melonen im Korb hat, findet im Laden auch noch Brot und Wein dazu.
Le Valadet, Route de Berre, Eguilles (10 km auf der D 10 nordwestl. von Aix-en-Provence) • Tel. 04 6 63 70 44 65 • www.menthe-poivree.com • Mo-Sa 8.30-19.30, So 10-18 Uhr

La Compagnie de Provence
▶ Klappe hinten, c 4
Marseiller Seife ist ein reines Naturprodukt aus Oliven-, Palm- und Kopraöl und enthält weder Farbstoffe noch andere künstliche Zusätze. Diese Reinheit macht sie auch für Allergiker geeignet, sie ist antiseptisch und antibakteriell – und man kann sie von Kopf bis Fuß verwenden. Im Flagshipstore wird sie nicht nur als traditionelles Seifenstück angeboten, aber das gibt es auch.
Marseille, 18, rue Francis Davso • www.compagniedeprovence.com

Mas de Gourgonnier ▶ S. 113, F 6
Mitten in den Höhenzügen der Alpillen baut die Familie Cartier auf 45 ha Wein an, 20 ha sind von Olivenbäumen besetzt, und die gesamte Produktion hat das Zertifikat von Ecocert für ökologische Produktion. Die AOC-Weine Baux de Provence und Olivenöl kann man hier probieren und auch gleich kaufen.
Le Destet, Mouriès • Tel. 04 90 47 50 45 • www.gourgonnier.com

AKTIVITÄTEN
Bleu Évasion Klappe hinten, c 4
»Solis« heißt das erste mit Solarenergie betriebene Boot, mit dem man von Marseille zum Baden in die Buchten der Calanques starten kann. Natürlich wird es von Elektromotoren angetrieben, deren Batterien mit Solarzellen versorgt werden. Elf Passagiere können teilnehmen, auch wenn es nur zur Foto-Safari, zum Wasserski oder zum Angeln geht. Die Touren dauern von 9.30-12.30 bzw. 14-18.30 Uhr, gestartet wird am Alten Hafen.
Marseille, 17, rue Audemar Tibido • Tel. 06 34 13 74 22 • www.bleu evasion.fr

La Ferme de Gerbaud ▶ S. 114, C 12
Eine umweltbewusste Landwirtin hat sich 3 km nördlich von Lourmarin auf den Anbau von Heilpflanzen und Kräutern an den Südhängen des Luberon spezialisiert. Den Besucher umfangen die Düfte von Rosmarin und Thymian, Oregano und Bohnenkraut. Und Paula Marty erzählt Wissenswertes über die Eigenschaften und Anwendungen der provenzalischen Kräuter. Nach Reservierung wird donnerstags auch ein Abendessen mit Kräutern (Führung, Dinner und Wein 30 €) serviert.
Lourmarin • Tel. 04 90 68 11 83 • nur Führungen (Französisch, Englisch;

Die Gemeinde Correns (▶ S. 18) im Var wurde zum ersten Bio-Dorf Frankreichs gekürt. Heute werden dort auf 95 Prozent der Anbaufläche biologische Richtlinien eingehalten.

1,5 Std.) April–Okt. Di, Do, Sa 17, Nov.–März So 15 Uhr • 5 €

Marais du Vigueirat ▶ S. 113, E 6

Schutz der Natur und Förderung des Ökotourismus lautet die Aufgabe des Naturschutzgebiets zwischen Arles und Port-Saint-Louis am Meer in viel zu trockenen Worten. Geboten wird hier eine Überfülle naturnaher und spannender Unterhaltung. Es gibt Führungen in die Kernzone des Reservats, Kutschfahrten, ornithologische Tagestouren, und über Video kann man am Alltag von Störchen in ihren Nestern teilhaben. Nach einem abenteuerlichen Tag gibt es dann noch Reis und Salz aus der Camargue zu kaufen, Wein und Öl …
Mas-Thibert (von Arles Richtung Fos-sur-Mer, nach 20 km rechts abbiegen) • Tel. 04 90 98 70 91 • www.marais-vigueirat.reserves-naturelles.org • April–Sept. 9.30–17.30, Okt.–März 10–17 Uhr

Musée et Jardins de Salagon
▶ S. 115, E 11

Das Benediktinerkloster des 12. Jh. mit Wirtschaftsgebäuden aus dem 15. bis 17. Jh. wurde 1981 von der Vereinigung Alpes de Lumière als ethnologisches Zentrum wiederbelebt. Ausstellungen dokumentieren nun das bäuerliche Leben der Haute-Provence. Freilichtkino und Konzerte beleben den Ort in den Sommermonaten, und in den Bauern- und Kräutergärten duftet es nun wieder wie im Mittelalter.
Mane (über N 100, 4 km von Forcalquier) • Feb.–April Mi–Mo 10–18, Mai, Sept. tgl. 10–19, Juni–Aug. tgl. 10–20, Okt.–15. Dez. tgl. 10–18 Uhr • Eintritt 7 € (inkl. Audioguide Deutsch), Winter 5 €, Kinder frei

Einkaufen
Verführerische Angebote überall: Weine, Stoffe, Obst und Gewürze zum Mitnehmen nach Hause. Den sanften Lavendelhonig sollte man nicht vergessen, das wunderbare Öl oder den roten Reis aus der Camargue.

◀ Honig, Käse, Kräuter, frisches Gemüse: Ein Bummel über die bunten Märkte der Provence ist ein Fest für alle Sinne.

Provenzalische **Märkte** können süchtig machen. Frischer Knoblauch türmt sich, Gewürzduft durchzieht die Luft, Oliven, schwarz glänzend und mattgrün, kleiner Käse in bunten Farben und Formen, mit einem Rosmarinzweig dekoriert oder unter Walnusshälften versteckt. Frische Brote, tiefrote Tomaten, dicke runde Kirschen, die Cavaillon-Melone mit ihrem betörenden Aroma. Feine Öle reihen sich aneinander, die besten aus den Alpillen bei Les Baux. Zart schmeckt der weiße Lavendelhonig, für manche der beste Honig der Welt, kräftiger der Honig vom Rosmarin, richtig würzig manchmal, ebenso wie der Rosmarin selbst. Und immer wird man aufgefordert: »Kosten Sie, Monsieur!« »Sie sollten probieren, Madame!« Wer dieser Aufforderung folgt, trägt die Konsequenzen, manchmal auch bis nach Hause.

Kostbares auf dem Markt

»Tapenade«, eine Olivenpaste, und »brandade«, eine Stockfischpaste, könnte man im Glas mitnehmen, um daheim zum Aperitif ein Stückchen Weißbrot damit zu bestreichen. Ein Glas Pistou, das jeder Gemüsesuppe das Basilikumaroma verleiht, wird Erinnerungen wachrufen. »Pâte de Coing« aus den Alpillen ist geformte und gezuckerte Konfitüre; »calissons« aus Aix-en-Provence sind Süßigkeiten aus Melonen, Honig und Mandeln in hart glasiertem Zucker.
Den Wein kauft man am günstigsten beim Winzer. **Côtes de Provence** aus dem Gebiet Bouches-du-Rhône ist für viele ein Synonym für Roséweine. Das ist nicht ganz falsch, denn sie umfassen 65 % der provenzalischen Weinproduktion. 30 % der hiesigen Weine sind rot und nur 5 % weiß, der beste und angesehenste von ihnen wächst an den Hängen von **Cassis**.

Dégustation beim Winzer

Kontrollierte Anbaugebiete (AOC) gibt es auch im Luberon (**Côtes du Luberon**), am Fuß des Mont Ventoux (**Côtes du Ventoux**) und um Aix-en-Provence. Winzer laden mit Wegweisern (»Dégustation«) zur kostenlosen Probe ein, und der dort gekaufte Wein ist auch günstiger.
Wohlriechende Seifen werden angeboten, immer wieder **Savon de Marseille**, als weißer oder grüner Block, eine echte Kernseife. Aus der Kleinen Camargue gibt es feines Salz, aus der Camargue auch Reis, Vollkornreis sogar, runden (»cagalon«) und langen (»delta«) aus ökologischem Anbau. Manche Pariser Nobelboutique öffnet jeden Sommer ihre Ferienfiliale auf dem Markt in der Provence, während das Hauptgeschäft geschlossen bleibt. Es gibt kein Ladenschlussgesetz, aber um 19 Uhr werden meist, auch samstags, die Läden dicht gemacht. Geöffnet sind sie ab 8 oder 9, manchmal auch ab 10 Uhr. Die Mittagspause dauert von 12 oder 13 Uhr bis 14 oder 15 und mancherorts im Sommer auch bis 16 Uhr. Souvenirläden bleiben oft mittags und abends länger offen. Sonntagvormittags kann man Brot und Lebensmittel kaufen, montagvormittags eigentlich gar nichts, und auf dem Land bleiben dann auch Bäcker- und Fleischerläden geschlossen.

Empfehlenswerte Geschäfte und Märkte finden Sie bei den Orten im Kapitel
▶ **Unterwegs in der Provence.**

Feste und Events
Musik, Theater und traditionsreiche Feste ziehen im Sommer Kulturtouristen an. Auch wer kein besonderes Event in seinem Ferienplan hat, wird sicher irgendwo auf ein Erntedank-Ereignis treffen.

Feste und Events

◀ Im Mai findet im Camargue-Städtchen Saintes-Maries-de-la-Mer (▶ S. 63) eine große Wallfahrt von Sinti und Roma statt.

APRIL
Barock in der Provence
In Avignon, L'Isle-sur-la-Sorgue, Visan, Pertuis und Ménerbes wird die Barockzeit mit Konzerten, Ausstellungen und Vorträgen wiederbelebt.
www.delamusic.com

OSTERN BIS SEPTEMBER
Feria in Arles
Im Sommerhalbjahr finden – umstrittene – Stierkämpfe statt. Bodegas füllen die Straßen bis tief in die Nacht.
www.feriaarles.com

MAI
Zigeunerwallfahrt in Saintes-Maries-de-la-Mer
Tausende kommen, wenn zum Andenken von Marie Jacobé und Marie Salomé die Statuen der beiden in einem Boot aufs Meer gebracht werden.
24./25. Mai • www.saintesmaries.free.fr

JUNI
Feux du Saint-Jean in Arles
Arlesische Tänze rings um ein Feuer am Rathausplatz.
23./24. Juni • www.ville-arles.fr

JULI
Theaterfestival in Avignon
Einen Monat lang beherrschen von morgens um 10 Uhr bis Mitternacht Theater und Tanz die Stadt.
www.festival-avignon.com

Internationale Fotografietage
Les Rencontres de la Photographie sind seit fast 30 Jahren fester Bestandteil des Sommers in Arles.
www.rencontres-arles.com

Jazzfestival in Salon-de-Provence
Ab Mitte Juli findet ein viel beachtetes Treffen mit Größen des Jazz statt.
www.salondeprovence.com

Kammermusik im Kloster Salagon
Im Benediktinerkloster geben junge Talente eine Probe ihres Könnens.
Ende Juli • www.evene.fr/tout/salagon

Melonenfestival in Cavaillon
Das erste Fest dieser Art fand 1997 statt, nun soll das Kürbisgewächs mit Markt, Paraden und Kostproben weiterhin gebührend gefeiert werden.
www.melondecavaillon.com/fete-melon

AUGUST
Lavendelfest in Sault
▶ Im Fokus, S. 55

Weinfest in Châteauneuf-du-Pape
Am ersten Augustwochenende ist es so weit: Die Traube reift, und zur Véraison lebt für drei Tage das Mittelalter mit Turnieren und Paraden auf.
1. Augustwochenende • www.horizon-provence.com/fete-de-veraison

Antiquitäten- und Trödelmesse in L'Isle-sur-la-Sorgue
Der Ort mit den sechs Antiquitätendörfern und sonntäglichen Trödelmärkten zieht Tausende Fachleute an.
Mitte Aug. und Ostern • www.foire antiques-islessurlasorgue.fr

SEPTEMBER
Olivenfest in Mouriès
In Mouriès wird eines der besten Olivenöle produziert. Vor der Ernte wird gefeiert, dabei kann man die Oliven in allen Formen – eingelegt, getrocknet oder zu Öl gepresst – kosten.
www.alpilles.fr/mouries

Sport und Freizeit
Klettern in den Calanques, Reiten in der Camargue, mit Kanu oder Kajak auf dem Verdon, Wandern im Luberon oder Golfen am Fuß der Alpilles – die Provence lockt mit ihrer grandiosen Natur.

◄ Canyoning hat seinen Ursprung in Südfrankreich. Eine echte Herausforderung sind die Schluchten des Verdon (▸ S. 74).

Natürlich kann man mit dem Fahrrad auf den Mont Ventoux fahren, wenn man unbedingt möchte, und auf der Küstenstraße von Cassis nach Marseille schreckhafte Autofahrer das Fürchten lehren – es gibt einen schmalen Fahrradweg. Wer in seinen Ferien Luft unter den Sohlen braucht, fährt allerdings besser in die Hochprovence (Alpes-de-Haute-Provence). Und während die einen mit dem Kajak in den kühlen Schluchten des Verdon das Abenteuer finden, überfliegen andere das hügelige Land. Am Mittelmeer, zwischen den **Calanques**, wo es am allerschönsten ist, kann man Tauchen lernen, und in der **Camargue** gibt es Strände, die noch auf keiner Landkarte verzeichnet sind. Segelboote lassen sich an der Mittelmeerküste vielerorts mit und ohne Besatzung mieten.

ANGELN

Über Angelmöglichkeiten und den Erwerb von Berechtigungsscheinen informieren im Luberon wie in der Hochprovence die Fremdenverkehrsämter. In den meisten Fällen erhält man die Angelerlaubnis im jeweiligen Rathaus (»mairie«).

FAHRRAD FAHREN

Ein Fahrrad kann man mitbringen, aber auch mieten, gelegentlich sogar an Bahnhöfen. Informationen gibt es beim lokalen Office de Tourisme. Im Regionalen Naturpark **Luberon** ist seit 2002 ein 235 km langer und sehr reizvoller Fahrradweg von Forcalquier über Apt nach Cavaillon ausgeschildert. 15 ausgewählte Radstrecken, auch für Familien geeignet, gibt es im Département Vaucluse. Ausführliche Infos findet man unter www.provenceguide-velo.com.

FLIEGEN

Ob im Segel- oder Ultraleichtflugzeug, mit dem Heißluftballon, per Drachen oder Hanggleiter, alle möglichen Formen, das Land zu überfliegen – auch im Hubschrauber –, werden in der Hochprovence angeboten. Es gibt kürzere Schnupperflüge für 40 bis 50 € sowie Wochenkurse für Anfänger und Fortgeschrittene (etwa 350 €). Auskunft und Adressen:

Comité Départemental de Tourisme et des Loisirs ▸ S. 118, B 18
Maison des Alpes-de Haute-Provence, 19, rue du Docteurs Honnorat – B.P. 170, 04005 Digne-les-Bains • Tel. 04 92 31 57 29 • www.alpes-haute-provence.com

GOLF

Frankreichs Golfplatzarchitekten tragen berühmte Namen: Van Hagge, Fream, Player … und so werden die Golfplätze denn auch fast wie Kunstwerke beurteilt. Etwa zwei Dutzend Plätze gibt es, die meisten davon in landschaftlich wunderschöner Lage. Allein um Marseille und Aix-en-Provence befinden sich sieben Plätze. Ein Verzeichnis erhält man beim:

Comité Départemental de Tourisme des Bouches-du-Rhône
▸ Klappe hinten, c 5
Le Montesqieu, 13, rue Roux-de-Brignoles, 13006 Marseille • Tel. 04 91 13 84 13 • www.visitprovence.com

Nachfolgend zwei besonders empfehlenswerte Plätze:

Miramas ▸ S. 116, A 13

Der erste und einzige öffentliche Golfplatz im Département Bouches-du-Rhône, eine 18-Loch-Anlage (5670 m, Par 72), reizvoll für Anfänger wie auch für erfahrene Spieler.
Mas de Combe • Tel. 04 90 50 38 45 • Green-fees: Woche 23 €, Wochenende 30 €

Les Baux-de-Provence ▸ S. 113, E 5

Unterhalb des Dorfes am Fuß der Alpillen, zwischen Oliven, Zypressen und Platanen, liegt diese 9-Loch-Anlage. Ein kleiner Parcours, schwierig, mit geringen Entfernungen zwischen Abschlag und den Greens, aber auch einfachen Drives.
Domaine de Manville • Tel. 04 90 54 40 20 • Green-fees: Woche 23 €, Wochenende 27 €

KLETTERN

Die Hochprovence bietet eine ganze Reihe von Touren für Anfänger und Fortgeschrittene. Über die Entfernungen und das Niveau informieren die Fremdenverkehrsämter oder das:

Comité Départemental de la Montagne et de l'Escalade
▸ S. 115, E 11

3, boulevard du Temps Perdu, 0400 Manosque • Tel. 04 92 72 39 40 • www.provenceweb.fr

REITEN

Pferde säumen zahlreich die Wege der Camargue, kaum dass die Saison begonnen hat. Die Zahl der Mietpferde übertrifft hier die der Leihfahrräder. Auch in der Hochprovence entwickelt sich als neuer Tourismuszweig der Reittourismus. In der Montagne de Lure oder im Pays de Forcalquier, an der Durance und am Verdon gibt es Reitzentren, wo man Pferde leihen kann (1 Std. 15–20 €, ein Tag mit Picknickkorb um 60 €, eine Woche mit Unterbringung und Verpflegung 400–500 €). Reitkurse werden mit Vollpension angeboten (bis 450 €), und Kindern stehen auch Ponys zur Verfügung. Für weitere Informationen wendet man sich an das:

Comité Régional d'Equitation de Provence ▸ S. 116, C 14

298, avenue du Club Hippique, 13090 Aix-en-Provence • Tel. 04 42 20 88 02 • www.provence-equitation.com

SCHWIMMEN

Kaum irgendwo in Frankreich ist die Swimmingpool-Dichte so hoch wie in der Gegend zwischen Aix-en-Provence und Avignon. Sommerurlauber genießen es, ist doch das Meer oft zu weit weg für einen Badetag. Urlauber in der Hochprovence finden Bademöglichkeiten in den Verdon-Seen wie **Lac d'Esparron** und **Lac de Sainte-Croix**. Dort kann man auch Boote mieten, surfen und segeln.

Marseilles schönste Strände liegen an und hinter der Corniche Kennedy, und meist muss man Eintritt bezahlen (▸ MERIAN-Tipp, S. 83). Man erreicht sie vom Vieux Port mit dem Bus 83. Die Haltestellen sind nach den Stränden benannt. Der stadtnächste, Plage des Catalans, ist sehr belebt. Hier wird gerne Beachvolleyball gespielt. Prophète, weiter entfernt gelegen, aber ähnlich, kostet keinen Eintritt. La Plage-Gaston-Deferre (»Prado«) ist ein großes Wiesengelände mit Spielmöglichkeiten und fünf Sandstränden. Escale Borély bezeichnet eine Badelandschaft mit Bars und Restaurants. Windsurfer versammeln sich in Epluchures Beach.

Unvergleichlich sind die kleinen Badebuchten der **Calanques** (▶ S. 78). Das Tourismusbüro gibt einen Führer »Marseille sur mer« heraus, aus dem Wassersportler Anregungen und Adressen entnehmen können. Bekanntester Badeort in der Camargue ist **Saintes-Maries-de-la-Mer** mit ewig langem, windigem Sandstrand.

SKIFAHREN

Zum Skilaufen muss man sich eigentlich weiter nach Norden begeben. Wem jedoch der **Mont Ventoux** genügt, der findet in der Provence auch sein Wintersportgebiet (1445 m). Auskunft in Beaumont-du-Ventoux • Tel. 04 90 63 42 02 • www.stationdumontserein.com

TAUCHEN

Marseille und Cassis bieten sich für Unterwasserausflüge an. In Marseille befindet sich auch eine Tauchschule für Kinder ab 10 Jahren.

Comité Régional de Provence des Sports Sous-Marins
▶ S. 116, C 15
Jacky Briz, 46, bd. Fenouil, 13467 Marseille Cedex 16 • Tel. 04 91 09 36 31

TENNIS

Kaum ein größerer Ort ohne Tennisplatz, auch zu vielen großen Hotels und Ferienanlagen gehören Plätze.

WANDERN

Die Provence ist von zahlreichen Wanderrouten durchzogen (Grande Randonnée), die nummeriert und ausgeschildert sind, die überregionalen rot-weiß, die regionalen Strecken gelb und rot. Auskunft und hervorragendes Kartenmaterial gibt es bei allen lokalen Tourismusbüros.

In zahlreichen Orten werden auch geführte Wanderungen zu besonderen Sehenswürdigkeiten, häufig auch auf historischen Routen angeboten. Rundwanderwege, auch für Familien geeignet, kann man sich auf www.provenceguide.com herunterladen.

Ein großartiges Naturerlebnis: Rafting im Grand Canyon du Verdon (▶ S. 74).

WILDWASSERFAHRTEN

Canyoning ist in den Alpes-de-Haute-Provence reglementiert, d.h., es gibt zugelassene Zonen (Mai–Nov.), die täglich erlaubte Personenzahl ist dabei begrenzt, ebenso die Uhrzeit (10–18 Uhr). Auch bei Rafting und Hydrospeed kann man sich auf Wildbächen und Flüssen erproben, im ersten Fall auf einem aufblasbaren Floß für vier bis acht Personen, beim Hydrospeed gleitet man mit Flossen und Integralanzug auf dem Wasser. Nähere Auskunft erteilen die lokalen Fremdenverkehrsämter.

Familientipps
Verlassene Burgen, Schiffsfahrten, tiefe Schluchten und Wassermühlen – Abenteuer warten überall. Man kann auch in der Camargue Vögel beobachten oder in Roussillon über die bunten Farben staunen.

◀ Prallvoll hängen die Kirschbäume im Luberon (▶ S. 31) zur Erntezeit. Da macht das Naschen Spaß …

Château d'If ▶ S. 116, C 15

Alexandre Dumas hat im Château d'If den Helden seines Romans »Der Graf von Monte Christo« versteckt. Zu der geschichtsträchtigen Festung vor Marseille gelangt man mit einer 20-minütigen Schiffsfahrt.
Marseille, Vieux port • http://if.monuments-nationaux.fr • April–Sept. tgl. 9.30–18, Okt.–März Di–So 9.30–16.45 Uhr • Eintritt 5,50 €, Kinder frei

Festival jeune public ▶ S. 114, A 9

Ein Festival für kleine Leute findet in Vaison-la-Romaine in der letzten Juliwoche statt. Dazu gehört wie bei den Großen Musik, Theater, Marionettentheater, und wer in der Schule etwas Französisch gelernt hat, versteht vielleicht auch die Erzählungen.
Vaison-la-Romaine • Tel. 04 90 36 02 11

Kirschenpflücken im Luberon

Wer im Mai/Juni mit den Eltern unterwegs ist, sieht an den Straßen oft ein Schild, auf dem »cerises«, Kirschen, angeboten werden. Wer fragt (oder die Eltern fragen lässt), darf in den meisten Fällen selbst welche pflücken und dann günstig kaufen. Naschen ist natürlich auch erlaubt.

Mit dem Esel unterwegs
▶ S. 114, A 10

Esel sollen auf dem Land wieder heimisch werden und dort ihre Aufgabe haben. In Pernes-les-Fontaines fahren sie Gäste mit der Kutsche durch den Ort oder begleiten sie zum Picknick.
Les ânes de Pernes, 1186, route d'Althem • Tel. 04 90 66 43 91 • Fahrten ab 8 €

Moulin à Papier ▶ S. 114, A 11

Man kann in dieser Mühle beim Papierschöpfen zusehen (und außerdem besonders schöne Blätter kaufen). Aus einem Brei mit Pflanzenteilen, Lavendel, Farn und schönen Blättern wird das flüssige »Papier« mit einem Sieb herausgehoben und getrocknet.
Fontaine-de-Vaucluse, Galerie Vallis Clausa, Chemin de la Fontaine • Mo–Sa 10–19 Uhr • Eintritt frei

Ockerlehrpfad ▶ S. 114, B 11

Die Wege dieses Ockerlehrpfads führen durch gelbe und rote Felsen, und auch die Wege dort sind rot und gelb und sandig (sogar helle Schuhe und Strümpfe sind später rot und gelb), und Büsche und Bäume sehen darin fast unecht grün aus. Dem ganzen Ort Roussillon sieht man an, dass das Material auch zum Bauen verwendet wurde. Der Stein ist weich, und so sind einige Gesichter hineingekratzt, aber das ist eigentlich verboten.
Roussillon, gegenüber dem Friedhof • www.roussillon-provence.com • Eintritt 2,50 €, Kinder bis 10 J. frei

Parc Ornithologique du Pont-de-Gau ▶ S. 112, C 7

In diesem Vogelpark kann man alle Vögel, die in der Camargue leben oder auf ihrem Weg nach Süden hier Rast machen, in Freiheit oder in Volieren sehen. Es gibt wenig Schatten, daher Kopfbedeckung mitnehmen.
Von Arles kommend ca. 4 km vor Saintes-Maries-de-la-Mer • www.parcornithologique.com • April–Sept. tgl. 9 Uhr bis Sonnenuntergang, Okt.–März ab 10 Uhr • Eintritt 7,50 €, Kinder 4 €

👫 Weitere Familientipps sind durch dieses Symbol gekennzeichnet.

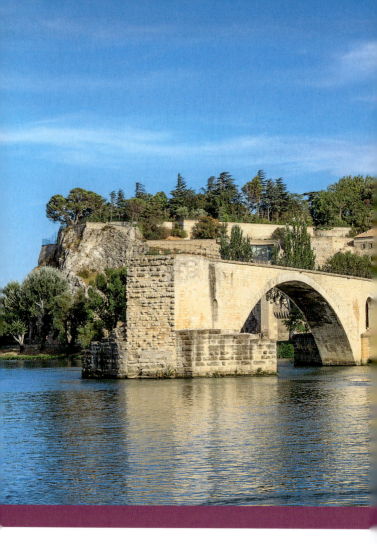

»Sur le pont d'Avignon ...« – das berühmte französische Kinderlied bezieht sich auf den Pont Saint-Bénézet (▶ S. 36), der 1660 einem Hochwasser zum Opfer fiel.

Unterwegs
in der Provence

So viel Schönes gibt es hier, dass es fast schade wäre, an einem Ort länger zu verweilen. Keiner gleicht dem anderen, und das Umland ist voller Überraschungen!

Avignon und Haut-Vaucluse

Bezaubernde Orte und imposante Bauten aus alter Zeit.
Wenn Avignon zum Mekka der Theaterfreunde wird, blüht
auf den Höhen auch schon der Lavendel bis zum Horizont.

◂ Straßenkünstler beim bunten Festival d'Avignon (▸ S. 25) vor den trutzigen Mauern des Papstpalastes (▸ S. 36).

Im römischen Theater von **Orange** salutiert Kaiser Augustus jetzt unterm Glasdach, die Päpste haben in **Avignon** mit der Residenz der obersten Kirchenfürsten aus dem 14. Jh. mehr als ein grundsolides Haus hinterlassen, und in ihrer ehemaligen Enklave in der nördlichen Drôme werden vor mittelalterlichen Mauern Trüffeln gehandelt. In **Vaison-la-Romaine** kann man Ruinen aus vergangener Zeit besichtigen und wird doch nirgends übersehen, dass auch die Natur großzügig mit diesem Stück Erde umgeht: Spitzenweine der Côtes du Rhône wachsen hier wie Gigondas und Vacqueyras, um **Sault** blüht im Hochsommer der Lavendel, und auf den Märkten des **Vaucluse** ist eine wohlschmeckende und -duftende Fülle ausgebreitet.

Avignon ▸ S. 111, E 4

Stadtplan ▸ S. 37
95 000 Einwohner

Die Stadtmauer mit Türmen und Zinnen aus dem 14. Jh. – im 19. Jh. restauriert – erstreckt sich über insgesamt 4,8 km, umgibt die gesamte Altstadt und sollte vor dem Mistral schützen. Sie gibt allerdings auch der Sommersonne Gelegenheit, das Städtchen ordentlich aufzuheizen, sodass Sparsame in unklimatisierten Zimmern sich tapfer der Mücken, des Lärms in den Straßen und der Hitze erwehren müssen. Aber es gibt in der Nähe hübsche und auch weltabgeschiedene Gästezimmer in den Dörfern. Nur wenn das **Festival d'Avignon** ⭐ die Universitätsstadt ab Mitte Juli in ein riesiges Freilichttheater mit fast 400 Veranstaltungen verwandelt, findet, wer nicht vorgesorgt hat, kein freies Bett mehr.

Wenn die Abendsonne die Mauern am Rhône-Ufer rosa färbt und die Zikaden zirpen, scheint die Zeit stehen geblieben zu sein. Übermächtig thronen Papstpalast und Rocher des Doms über dem Stadtrand, und die letzten vier der einst 22 Arkadenbögen der berühmten Brücke (»Sur le pont d'Avignon …«) aus dem 12. Jh. spiegeln sich im Fluss. Zwischen 1309 und 1377, als sieben Päpste hier regierten, führte Kopfsteinpflaster zur Barthelasse-Insel hinüber; jetzt kann man eine Fähre nehmen.

WUSSTEN SIE, DASS ...

… in Avignon nicht »sur le pont«, also auf der Brücke, sondern unter der Brücke getanzt wurde? Nämlich unter den Brückenbogen auf der Île de Barthelasse, wo die Schankwirtschaften standen.

Vier Päpste haben den Palast gebaut und das bis dahin unbedeutende Avignon, eine griechische Gründung aus dem 6. oder 5. Jh. vor unserer Zeitrechnung, in den Blickpunkt der Öffentlichkeit gerückt. Die Revolution hat die päpstlichen Besitztümer

dann wieder in französische Hand überführt, und die hat sie seit dem Jahr 1906 sorgsam konserviert.
Zentrum der Stadt ist die **Place de l'Horloge**, auf der sich vor zahlreichen Restaurants und Cafés ein altertümliches Kinderkarussell dreht. Aus den Nebenstraßen der Fußgängerzone weicht mit Geschäftsschluss das Leben. Doch dann wird es in der Rue des Teinturiers gemütlich, wo sich mit kleinen Läden, Weinhandlungen und Restaurants ein interessantes Szeneviertel entwickelt hat. Wer dem nichts abgewinnen kann, der hört den Straßenmusikanten vor dem Papstpalast zu.

SEHENSWERTES

Palais des Papes ▶ S. 37, b 1–2

Wie eine Festung erhebt sich der Palast der Päpste über der Rhône-Stadt. Als »schönstes und solidestes Haus der Welt« hat der französische Dichter Jean Froissard die mittelalterliche Burg bezeichnet, die doch eigentlich aus zwei Bauwerken besteht, die sich um den Großen Hof (Grande Cour) und den Kreuzgang Benedikts XII. (Cour du Cloître) gruppieren: dem spartanischen **Alten Palast** (Palais Vieux) Benedikts (1334–1342) und dem prächtigen **Neuen Palast** (Palais Neuf) Clemens VI. (1342–1352).
Während der Revolution geplündert, danach Gefängnis und Kaserne, ist mittlerweile ein sparsam mit Fresken geschmücktes Museum daraus geworden, dessen glanzvolle und intrigenreiche Zeiten sich bei einer Multimedia-Besichtigung mit Animationen ganz neu erschließen.
Place du Palais • Tel. 04 90 27 50 00 • www.palais-des-papes.com • 1.–14. März tgl. 9–18.30, 15. März–Juni 9–19, Juli 9–20, Aug. 9–21, 1.–15. Sept. 9–20, 16. Sept.–1. Nov. 9–19, 2. Nov.–Feb. 9.30–17.45 Uhr • Eintritt 10,50 €, erm. 8,50 €, mit Brücke Bénézet 13 €, erm. 10 €

Pont Saint-Bénézet ▶ S. 37, b 1

900 m lang war die Brücke und verband über 22 Bögen Avignon mit Villeneuve. Seit über drei Jahrhunderten spiegelt sich die Ruine im Wasser, nachdem sie in den vorangegangenen 500 Jahren ihres Bestehens, von Kriegen und Rhône-Strömungen immer wieder zerstört, mehrfach neu aufgebaut worden war. Über die **Tour du Châtelet** (14./15. Jh.) kann man sie betreten und die Chapelle Saint-Nicolas auf einem Brückenpfeiler, halb gotisch, halb romanisch, besichtigen.
Nov.–März tgl. 9.30–13, 14–17, sonst bis 19, Aug. bis 21 Uhr • Eintritt 4,50 €, erm. 3,50 €

Rocher des Doms 👁 ▶ S. 37, b/c 1

Der Aufstieg zum Park ist steil und beschwerlich, der Ausblick lohnt die Mühe jedoch: auf Rhône und die Brücke Saint-Bénézet, auf Villeneuve-lès-Avignon, den schönen Villenort (schon im Languedoc-Roussillon), in dem die geistlichen Würdenträger sich eingerichtet hatten, auf den Turm Philipps des Schönen.

Rue des Teinturiers
▶ S. 37, südöstl. c 3

Kopfsteinpflaster, Platanen und dazu die Sorgue mit ihren bemoosten Wasserrädern – bis zum Ende des 19. Jh. arbeiteten hier die Färbereien, um die berühmten provenzalischen Baumwollstoffe, »indiennes« genannt, herzustellen. Die **Chapelle des Pénitents Gris** (16.–19. Jh., Nr. 8), der Laienbruderschaft der Grauen Büßer, erinnert an die religiösen Gemein-

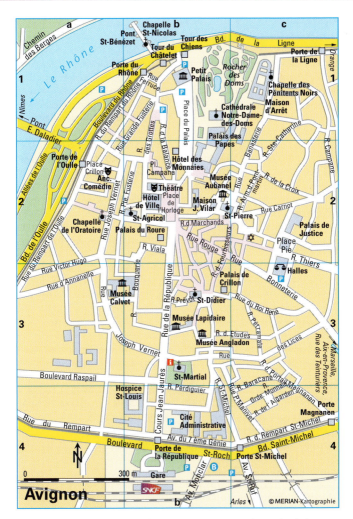

schaften, die in früheren Jahrhunderten soziale Aufgaben erfüllten.

MUSEEN

Musée Angladon ▶ S. 37, b 3

Diese Privatsammlung ist seit dem Winter 1996/1997 der Öffentlichkeit zugänglich und zeigt in einem schönen alten, herrschaftlichen Wohnsitz u. a. Van Goghs »Eisenbahnwaggons«, die einzige Arbeit des Künstlers, die ständig in der Provence zu sehen ist. Daneben sind Werke von Degas, Cézanne, Sisley, Picasso und Modigliani ausgestellt.

5, rue Laboureur • www.angladon.com • Di–So 13–18 Uhr • Eintritt 6 €, erm. 4 €

Musée Calvet ▸ S. 37, a/b 3

In seinem Stadtpalais des 18. Jh. legte der Arzt Esprit Calvet den Grundstein für ein Museum bürgerlicher Kultur, das der Antiquar Marcel Puech ergänzte. Man kann neben der Skulpturengalerie und den Sälen Puech mit Bildern, Fayencen, Wandteppichen und Zeichnungen (16.–18. Jh.), Gemälden aus dem 20. Jh. auch die berühmte Kunstschmiedesammlung von Biret und in neuen Sälen auch ägyptische Sammlungen bewundern.
65, rue Joseph-Vernet • www.musee-calvet-avignon.com • Mi–Mo 10–13, 14–18 Uhr • Eintritt 6 €, erm. 3 €

Petit Palais ▸ S. 37, b 1

In der alten Bischofsresidenz (16. Jh.) zeigt das Museum über 300 Werke der Sammlung Gian Pietro Campana aus Mittelalter und Renaissance (Botticelli, Carpaccio, Giovanni di Paolo).
Place du Palais • www.petit-palais.org • Mi–Mo 10–13, 14–18 Uhr, Fei geschl. • Eintritt 6 €, erm. 3 €

ÜBERNACHTEN

Cloître Saint-Louis ▸ S. 37, b 4

Edles Design • Stararchitekt Jean Nouvel hat aus einem Jesuitenkloster von 1589 unter alten Gewölben ein feines Hotel mit Pool gemacht. Man diniert unter Arkaden oder im schattigen Garten. Die Kapelle lässt sich besichtigen. Parkplätze am Haus.
20, rue du Portail Boquier • Tel. 04 90 27 55 55 • www.cloitre-saint-louis.com • 80 Zimmer • €€€

Domaine de Rhodes
▸ S. 37, nördl. b 1

Wohnen im Park • Auf einem Anwesen aus dem 16. Jh., auf der Insel de la Barthelasse gegenüber dem Papstpalast, werden ein großes altes Haus (nur Juli, Aug.), fünf Zimmer, drei Studios und zwei Appartements wochenweise, gelegentlich auch am Wochenende vermietet. Das Gelände rundum wird landwirtschaftlich genutzt, die Unterkünfte haben Küche, Terrasse, und auf dem Gelände gibt es einen Pool.
Chemin de Rhodes, Île de la Barthelasse (nach der Brücke rechts, vom Zentrum 10 Min. mit dem Auto) • Tel. 04 90 82 40 11 • www.domainederhodes.com • 6 Zimmer • €€€

Le Pavillon Vert ▸ S. 37, nördl. c 1

Im Grünen • Neben dem Golfplatz von Avignon und einem Reitzentrum sind in einem alten, stilvoll renovierten Haus vier komfortable Gästezimmer mit Klimaanlage und Heizung eingerichtet. Das Schönste aber ist das Baumhaus, in alten Eichen versteckt, mit Terrasse, großem Bad und kleiner Küche – ein Kindertraum für große Gäste. An drei Tagen in der Woche wird eine gemeinsame Mahlzeit, die Table d'hôte, angeboten.
Vedène (5 km nordöstl.), Chemin de la Banastière • Tel. 04 90 31 13 83 • www.lepavillonvert.com • 4 Zimmer • €€ Baumhaus €€€

Bristol ▸ S. 37, b 4

Mitten im Zentrum • Altes Stadthaus, modern eingerichtet, mit Doppelfenster und Klimaanlage. Parkplätze.
44, cours Jean-Jaurès • Tel. 04 90 16 48 48 • www.bristol-hotel-avignon.com • 67 Zimmer • ♿ • €€

De Garlande ▸ S. 37, b 3

Liebevoll eingerichtet • Kleines Nichtraucherhotel mit freundlichen Zimmern in der Fußgängerzone.
20, rue Galante • Tel. 04 90 80 08 85 • www.hoteldegarlande.com • 11 Zimmer • €€

ESSEN UND TRINKEN

Auf dem Cours Jean-Jaurès finden sich traditionelle Restaurants sowie Imbissstände, ebenso an der Place Pie, während die Lokale in der Rue Joseph Vernet schon feiner sind.

Christian Etienne ▶ S. 37, b 2
Alles kostbar • Spitzenrestaurant mit Michelin-Sternen, zwischen Papstpalast und Rue de l'Horloge, mit kostbaren Antiquitäten eingerichtet. Der Chef zaubert mit Tomaten (50 Rezepte!) und Hummer sowie mit Eis.
10, rue de Mons • Tel. 04 90 86 16 50 • www.christian-etienne.fr • So und Mo geschl. • €€€€, mittags €€€

La Fourchette ▶ S. 37, b 2
Reservierung unerlässlich • Hinter diesem Namen verbirgt sich die Filiale des Gastronomie-Papstes Hiély-Lucullus. Auch Nachfolger Azoulay bietet Haute Cuisine zu durchaus erschwinglichen Preisen.
17, rue Racine • Tel. 04 90 85 20 93 • www.lafourchette.com • Sa, So und 14 Tage im Aug. geschl. • €€€

Le Pichet ▶ S. 37, östl. c 2
Traditionell • Das Lokal ist den ganzen Tag geöffnet, gute regionale Küche.
2, place des Carmes • Tel. 04 90 82 93 23 • So und Mo geschl. • €€

Le Cèdre ▶ S. 37, a 2
Orientalisch • Auch die arabische Küche gehört zum Süden Frankreichs – wie hier die libanesische.
6, rue Rempart du Rhône • Tel. 04 90 16 92 91 • So geschl. (außer Juli) • €

EINKAUFEN

MÄRKTE
Antiquitätenmarkt ▶ S. 37, a 2
Place Crillon • Sa

Flohmarkt ▶ S. 37, östl. c 2
Place des Carmes • So vormittags

Markthallen ▶ S. 37, c 2–3
Place Pie (unter dem Parkhaus) • tgl. vormittags

AM ABEND
Le Grand Café ▶ S. 37, c 3
Künstlertreff • Bistrotische neben großen Spiegeln, moderne Gemälde, in Diskussionen versunkene Gäste – man kann hier essen, sich zum Wein oder Bier treffen, zum Café natürlich auch. Für den Abend reservieren!
Manutention (Kulturzentrum), 4, rue des Escaliers-Sainte-Anne • Tel. 04 90 86 86 77 • www.legrandcafe-avignon.com • So, Mo (außer Juli) geschl.

Le Mireio ▶ S. 37, a 2
Kreuzfahrt • Man kreuzt mit dem Restaurantschiff auf der Rhône, lässt die berühmte Brücke von Avignon, den Papstpalast, den Turm des schönen Philippe und das Fort Saint-André in Villeneuve an sich vorüberziehen und genießt dabei ein Menü.
Allées de l'Oulle am Rhône-Ufer • Tel. 04 90 85 62 25 • www.mireio.net • im Sommer Mi, Fr, Sa 21–23 Uhr • ab 46 €, Kinder 20 €

SERVICE

AUSKUNFT
Office de Tourisme ▶ S. 37, b 3
41, cours Jean-Jaurès • Tel. 04 32 74 32 74 • www.avignon-turisme.com

VERKEHR
Parken
Parkplätze gibt es außerhalb der Stadtmauer an der Rhône-Seite, ein Parkhaus unter den Hallen und unter dem Papstpalast, einen bewachten Parkplatz (Mérindol) in Bahnhofsnähe.

AVIGNON UND HAUT-VAUCLUSE

Ziele in der Umgebung

◎ Châteauneuf-du-Pape
▸ S. 111, E 3

2100 Einwohner

Von der einstigen Festung der Päpste aus dem 14. Jh. blieben nur Ruinen, sie wurde während der Religionskriege niedergebrannt. Nur der Wohnturm, der den Blick auf die von den Päpsten angelegten Weinberge freigibt, ist neben einer Mauer erhalten. Aber deswegen kommt man ohnehin nicht – die wahre Attraktion sind die Früchte eben dieser Berge, 1880, nach dem Reblausbefall, neu bepflanzt. 13 Rebsorten rechnen sich seit 1929 zur »Appelation d'Origine Controlée«, die sich Châteauneuf-du-Pape nennen darf. Im **Winzermuseum** ist zu sehen, was Weinbauern vom 14. Jh. bis heute für ihre Arbeit benötigten (Musée du Vin, Caveau du Père Anselme, Route d'Agnon; Tel. 04 90 83 70 07; tgl. 9–12 und 14–18 Uhr).

14 km nördl. von Avignon

ESSEN UND TRINKEN

La Mère Germaine

Einheimische Weine • Am schönsten sitzt man im Garten mit Blick auf die Weinberge und genießt traditionelle provenzalische Küche mit passenden Weinen. Malereien und Skulpturen zieren das Lokal. Wenn der Abend lang wird: Es gibt günstige Zimmer.
3, rue du Commandant Lemaître • Tel. 04 90 83 54 37 • www.lamere germaine.fr • €€€

◎ Orange
▸ S. 111, E 2

28 800 Einwohner

Das Tor zur Provence für alle, die über die Autoroute du Soleil von Norden her kommen – oder auch die Pforte zum Abschied nach einem Provence-Urlaub, Gelegenheit für einen letzten entspannten Café unter Platanen in einem etwas verschlafenen Ort.
Gelegenheit auch für einen Blick in die römische Geschichte und die Geschichten des Gebiets: alles Propaganda, sagen Historiker, wenn sie die Reliefs des **Triumphbogens**, 21 bis 26 n. Chr. errichtet, beurteilen sollen. Da ist, an der stadtabgewandten und besser erhaltenen Nordseite, über dem mittleren Bogen der Kampf gallischer Krieger gegen Legionäre zu sehen, links und rechts die Schlacht Julius Cäsars gegen die Marseiller Flotte oder der Sieg des Augustus bei Actium. Und das am Rande des Schlachtfeldes, wo Kimbern und Teutonen 105 v. Chr. die Römer besiegt hatten? Bei der Stadtgründung für die Legionärsveteranen kümmerte es sie nicht mehr. Fremdenlegion und Luftwaffe haben noch heute hier ihre Stützpunkte.

28 km nördl. von Avignon

SEHENSWERTES

Théâtre Antique

Kaiser Augustus, 3,55 m groß, grüßt mit erhobener Hand die Menge, an der Bühnenwand fehlen Marmor und Säulen, und über den Zuschauerraum sollten Sonnensegel gespannt sein – alles andere ist so erhalten wie früher. Unter Augustus im 1. Jh. n. Chr. errichtet – mit 103 m breiter und 36 m hoher Wand, die Ludwig XIV. die schönste Mauer seines Königreiches nannte –, zeichnet sich das Theater durch eine einzigartige Akustik aus, die auch heute noch in den Sommermonaten 10 000 Zuhörer bei erstklassigen Konzerten genießen können. Interessierte Besucher können sich das Theater mit akustischem Führer in ihrer eigenen Sprache erklären lassen.

www.theatre-antique.com • Juni–Aug. 9–19, April, Mai, Sept. 9–18, März, Okt. 9.30–17.30, Jan., Feb., Nov., Dez. 9.30–16.30 Uhr • Eintritt (inkl. Museum) 8,50 €, erm. 6,50 €

MUSEEN
Musée d'Art et d'Histoire
Steinskulpturen von römischen Bauwerken sind im Erdgeschoss zu sehen, sensationell der aus Marmorfragmenten zusammengesetzte Katasterplan eines Gebietes von 636 qkm.
Rue Madeleine-Roch • Öffnungszeiten wie Théâtre Antique • Eintritt 5,50 €, erm. 4,50 €

SERVICE
AUSKUNFT
Office de Tourisme
5, cours Aristide-Briand • Tel. 04 90 34 70 88 • www.otorange.fr

Carpentras ▶ S. 114, A 10
26 800 Einwohner

Die ursprüngliche Befestigung der Hauptstadt der Grafschaft Venaissin ist durchlässig geworden. Sie besteht aus Platanen, nur die **Porte d'Orange** aus dem 14. Jh. ist erhalten, und die Reste des **Triumphbogens** hinter dem Justizpalast sind noch aus römischer Zeit. Von 1229 bis zur Revolution gehörte der Ort den Päpsten. Hier fanden jene Juden Schutz, die Philipp der Schöne vertrieben hatte.
Bis zum 19. Jh. gab es in Carpentras ein jüdisches Viertel mit Frankreichs ältester Synagoge aus dem 14. Jh., im 18. Jh. wieder aufgebaut (Place de l'Hôtel-de-Ville). 1200 Menschen sollen hier in einer 80 m langen Straße gelebt haben. Sehenswert ist auch die **Kathedrale Saint-Siffrein**. 1405 wurde ihr Bau begonnen, und es hat mehr als ein Jahrhundert gedauert, bis das Gotteshaus in mediterraner Gotik fertig war. Durch das südliche Seitenportal (1480), Porte Juive, gingen bekehrte Juden zur Taufe.

Jean-Louis Trintignant lädt zur Weinprobe in Châteauneuf-du-Pape (▶ S. 40).

ÜBERNACHTEN
Du Fiacre
Nostalgischer Charme • Nur hie und da verrät das Gebäude mit seinem schönen Innenhof noch den alten Konvent. In einer ruhigen Seitenstraße im Zentrum gelegen.
153, rue Vigne • Tel. 04 90 63 03 15 • www.hotel-du-fiacre.com • 19 Zimmer • €€

ESSEN UND TRINKEN
Chez Serge
Exquisite Trüffelgerichte • »Branché« heißt, dass es mittags immer voll ist, die Stimmung gut, die frische Küche hervorragend. Abends wird es elegant, bei schönem Wetter sitzt man

MERIAN-Tipp

DIE NACHT DES KLEINEN ST. JOHANNES ▶ S. 111, F 1

Die Nacht beginnt am Abend des 23. Juni in Valréas. Seit 1504 wählt die Stadt der Papstenklave unter den Kindern eines aus, das den Ort ein Jahr lang beschützen soll. Es muss katholisch sein, zwischen drei und fünf Jahren alt und Kind französischer Eltern. In einer prunkvollen Zeremonie übergibt der Petit Saint-Jean des Vorjahres das Kreuz als königliches Wahrzeichen dem Nachfolger. Von der Kirche Notre-Dame ziehen Pagen, Mönche, Fackelträger und Trommler durch festlich geschmückte Straßen zum Schloss von Simiane, und der Prinz überreicht dem kleinen König ein neugeborenes Lamm.
Valréas, 45 km nördl. von Carpentras

im Hof – gegenüber dem riesigen Parkplatz der Altstadt an der Avenue Jean-Jaurès. Reservierung notwendig. 90, rue Cottier • Tel. 04 90 63 21 24 • www.chez-serge.com • So mittags geschl. • €€€

EINKAUFEN

MÄRKTE
Großer Wochenmarkt: Freitag
Trüffelmarkt: Place Aristide-Briand • Fr vormittags, Ende Nov.–Anf. März

SERVICE

AUSKUNFT
Office de Tourisme
Hôtel Dieu, Place Aristide-Briand • Tel. 04 90 63 00 78 • www.carpentras-ventoux.com

Ziele in der Umgebung

◎ Gorges de la Nesque
▶ S. 114, B/C 10

Von Villes-sur-Auzon bis Monieux führt die Straße an der Schlucht entlang, die die Nesque in den Kalk gefräst hat. **Castellaras** heißt der Aussichtspunkt in 872 m Höhe, auf dem gegenüberliegenden Felsen **Rocher du Cire** wurde ein Denkmal für den provenzalischen Dichterfürsten Frédéric Mistral aufgestellt. Nur ganz Sportliche folgen von Monieux dem Pfad in die Schlucht mit der Kapelle Saint-Michel de la Nesque am Ufer.
30 km östl. von Carpentras

◎ Pernes-les-Fontaines
▶ S. 114, A 10

10 100 Einwohner

Mittelalterliche Fresken zieren die **Tour Ferrande** aus dem 13. Jh., und zudem kann man 36 Brunnen mit Putten, Drachen und Greifen bestaunen – einer davon, der Kormoran-Brunnen von 1716, wurde zum Baudenkmal erklärt.
8 km südl. von Carpentras

◎ Sault
▶ S. 114, C 10

1200 Einwohner

Auf einem Felsvorsprung am Nordostrand des Plateau de Vaucluse erstreckt sich das Zentrum des **Lavendelanbaus** (▶ Im Fokus, S. 54). Auch Honig und Nougat (Türkischer Honig) werden hier hergestellt. Von der Aussichtsplattform im Norden genießt man einen herlichen Blick auf den nahen Mont Ventoux und den Eingang zur äußerst malerischen Schlucht der Nesque. 52 km lang ist die Route nach Flassan (D 942), bei den schönsten Panoramen wurden Halteplätze eingerichtet.
40 km östl. von Carpentras

Vaison-la-Romaine

▶ S. 114, A 9

5900 Einwohner

Die **Römische Brücke**, 12 m über der Ouvèze, überspannt gut 17 m, seit 2000 Jahren schon, und von keinem noch so reißenden Hochwasser gefährdet. Selbst die Jahrhundertflut im September 1992 konnte ihr nicht wirklich etwas anhaben, nur die steinerne Brüstung musste ausgebessert werden. 37 Menschen starben damals, Hunderte Häuser wurden zerstört. Keine Spur ist mehr davon zu sehen. Umso mehr Spuren sieht man von den Römern, denen zuerst, 1907, der Domherr Joseph Sautel folgte. Erst seit dem Jahr 1924 ist Vaison »die Römische«, und bis zu seinem Tod 1955 war Sautel, immer in der Soutane, bei den Ausgrabungen dabei. Zwei alte Stadtviertel und das Theater hatte er entdeckt. Man hat einen Platz in der Stadt nach ihm benannt.

ÜBERNACHTEN
Hostellerie du Val de Sault

Lavendelblick und Spa • Wahrhaft eine romantische Unterkunft in zehn elegant eingerichteten Häuschen, die auf einem Hügel um den Pool angeordnet sind. Man blickt über die Lavendelfelder oder zum Mont Ventoux, genießt eine ausgezeichnete Küche und vielleicht auch das Wellnessangebot. In der Saison nur mit (ausgezeichneter) Halbpension.
Route des Saint-Trinit (Ancien chemin d'Aurel, 1,5 km vom Ortszentrum) • Tel. 04 90 64 01 41 • www.valdesault.com • 20 Zimmer • April–Okt. • ♿ • €€€

SERVICE
AUSKUNFT
Office de Tourisme
Avenue de la Promenade • Tel. 04 90 64 01 21 • www.saultenprovence.com

Sault (▶ S. 42) gilt als Hauptstadt des Lavendelanbaus und ist im Sommer umgeben von einem lilafarbenen duftenden Meer aus Blüten. Anfang August wird geerntet.

Die Ausgrabungsfelder von Vaison-la-Romaine (▶ S. 43) bergen wunderbare Kunstwerke aus der Römerzeit. Dieses Mosaik entstammt der »Villa du Paon« und misst 33 qm.

Die **römischen Ruinen** bedecken ein Gebiet von nahezu 15 ha, und über dem Zentrum um das alte Forum liegt die moderne Stadt, sodass nur die Außenviertel freigelegt werden konnten, die Auskunft über das erste Jahrhundert nach Christus geben. Im Quartier de la Vilasse wird in Richtung der Kathedrale weitergegraben. Im dahinterliegenden Quartier de Puymin ist eine bemerkenswerte Ladenstraße freigelegt worden, zudem die mit herrlichen Mosaiken geschmückte **Pfauenvilla**. Am Museum vorbei kommt man zum Theater, in der Anlage ähnlich und nicht viel kleiner als das in Orange (▶ S. 40).

Bei so viel Freilichtmuseum sollte man aber die mittelalterliche Stadt (Haute Ville) nicht vergessen, die man über die Römerbrücke erreicht. Der Aufstieg zur **Burg**, im 12. Jh. von den Grafen von Toulouse auf dem Felsen der Oberstadt errichtet, ist allerdings ziemlich mühsam.

SEHENSWERTES

Die Ausgrabungsstätten sowie in der Oberstadt die Rue de l'Église, Rue des Fours, Rue de l'Evêché. Mit einem Ticket für 8 € (Pass) kann man binnen 24 Std. alle Sehenswürdigkeiten auch mehrfach besichtigen.

ÜBERNACHTEN

Hostellerie le Beffroi

Erlesen, innen wie außen • Schönstes 16. Jh., außen wie innen, wenn das ganze komfortable Zubehör des 20. Jh. – Terrassen, Schwimmbad – sich nicht zu erlesenen Antiquitäten gesellte. Wundervolle Aussicht, ergänzt durch eine exzellente Restaurantküche (nur abends).
Rue de l'Evêché • Tel. 04 90 36 04 71 • www.le-beffroi.com • 22 Zimmer • €€/€€€

Au Coquin de Sort ♟

Verwunschene Räume • Nur 1 km geht man vom traditionell restau-

rierten Anwesen bis zu den Ausgrabungen. Die hübschen Zimmer sind mit lokalen Antiquitäten möbliert, und im Garten steht »la Zingaro«, der Wohnwagen, den man mieten kann. Wer will, reserviert einen Platz für die abendliche »table d'hôtes«.
1242, chemin de Saume Longue • Tel. 04 90 35 03 11 • www.aucoquindesort.com • 4 Zimmer • €€

ESSEN UND TRINKEN
Le Bistrot du O
Pariserisch und raffiniert • Drei Männer vom Fach – ein Winzer, ein Sommelier und ein Küchenchef mit Michelin-Stern – haben das Bistro gegründet und in den Stallungen des Schlosses in der Oberstadt einen adäquaten Ort hinter dicken Mauern dafür gefunden. Guillaume Thuin, der sein Handwerk im berühmten Plaza Athénée in Paris gelernt hat, kocht täglich ein Menü für die Gäste.
Rue du Château • Tel. 04 90 41 72 90 • €€

SERVICE
AUSKUNFT
Office de Tourisme
Place du Chanoine-Sautel • Tel. 04 90 36 02 11 • www.vaison-la-romaine.com

Ziele in der Umgebung
Malaucène ▶ S. 114, A 9
2500 Einwohner
Von hier aus startete der Dichter Petrarca im Jahr 1336 den Aufstieg auf den »Berg der Winde« – und kam mit dem ersten Reiseführer für eine Bergbesteigung zurück. Öde ist es oben, grau und voller Steine, aber bei klarer Sicht sieht man sogar die Pyrenäen. Im Winter, wenn die D 974 gesperrt ist, müssen Gipfelstürmer sich auf den längeren Weg über **Bédoin** machen (Straßenberichte: Tel. 04 90 67 20 88). Am Ortsende von Malaucène liegt an der D 974 ein wunderschöner Picknickplatz.
10 km südöstl. von Vaison-la-Romaine

Mont Ventoux ▶ S. 114, A 9
»Der Windige«, 1909 m hoch, scheint den Mistral zu beherbergen, den kalten Wind im Rhône-Tal, der mit Geschwindigkeiten von über 140 km/h über den zerklüfteten Kalkstein fegen kann. Elf Grad weniger als unten im Tal zeigt das Thermometer, und über 1600 m bleibt der Schnee bis ins späte Frühjahr liegen. Die Steinwüste darüber färbt die Spitze auch im Hochsommer weiß, wenn violette Lavendelfelder für provenzalischen Kontrast sorgen. Malerische Dörfer liegen dem Berg zu Füßen.
15 km südöstl. von Vaison-la-Romaine

> **MERIAN-Tipp**
>
> **DENTELLES DE MONTMIRAIL**
> ▶ S. 114, A 9
>
> Die Straße Vaison-la-Romaine–Malaucène biegt nach 9 km nach Suzette ab, einem Weiler in den Dentelles de Montmirail. Die Kalksteinspitzen, die die Natur vor Jahrtausenden vor den blauen Himmel gehängt hat, wirken alpin und sind doch nur 634 m hoch, Siedlungen würde man hier – wenigstens aus der Ferne – nicht vermuten. **Chapelle Notre-Dame d'Aubune** heißt eine versteckte Schönheit bei Beaumes-de-Venise über der D 81. Ein Feldweg führt hinauf. Wie eine exquisite Weinkarte lesen sich die Namen der Dörfer rundherum.
> 5 km südl. von Vaison-la-Romaine

Luberon
Eine Kulturlandschaft mit vielen Gesichtern – geschichtsträchtige Dörfer in urwüchsiger Natur und bevorzugter Wohnsitz von Weinkennern, Schriftstellern, berühmten Modemachern und Schauspielern.

◀ Treppauf, treppab: Das auf mehreren Ebenen errichtete Städtchen Bonnieux (▶ S. 51) thront über seinem Umland.

Ein Kalksteingebirge, eine ca. 70 km lange Bergkette eher, die sich zwischen Alpen, dem hohen Vaucluse und dem Mittelmeer hinzieht, mit Dörfern, die wie Adlerhorste auf den Klippen kleben, mit rot und orange leuchtenden Ockerfelsen – das ist der **Luberon**, dessen höchster Gipfel mit 1125 m **Mourre Nègre** heißt. Seit 1977 sind 165 000 ha zum Naturschutzgebiet erklärt worden. Dazu gehören 68 Gemeinden der Départements Vaucluse und Alpes-de-Haute-Provence mit 1 550 000 Einwohnern, die von Landwirtschaft und Handwerk leben. Wenige Straßen führen von Norden nach Süden, doch jeden Sommer erlebt das sonst so stille Bergland einen Touristenboom.

Apt
▶ S. 114, C 11

11 500 Einwohner

Ein Städtchen ohne größeren Reiz – es sei denn, es ist Samstag: Zu dem überwältigend großen Markt in der mittelalterlichen Altstadt scheint sich die ganze Provence verabredet zu haben. Die Römer gründeten einst die Siedlung im Tal des Calavon an der Via Domitia.

SEHENSWERTES

Maison du Parc du Luberon

Das Naturparkhaus in einem Herrensitz aus dem 17. Jh. präsentiert eine ständige Ausstellung über Geologie, Flora und Fauna des Gebiets. 60, place Jean-Jaurès • Tel. 04 90 04 42 00 • www.parcduluberon.com • Mo–Fr 8.30–12, 13.30–18, April–Sept. bis 19 Uhr, auch Sa • Eintritt frei

MUSEEN

Musée de l'Aventure industrielle

Industrie hat das Land um Apt geprägt. Von Handwerk und Gewerbe, vom Aufschwung und von Krisen in der Fayence-, Ocker- und Süßwarenindustrie erfährt man in dieser Schau. Place du Postel • Tel. 04 90 74 95 30 • Juni–Sept. Mo–Sa 10–12, 14–18.30, Okt.–Mai Di–Sa 10–12, 14–17.30 Uhr, Jan. geschl. • Eintritt 4 €

EINKAUFEN

Kandierte Früchte

Nirgends auf der Welt, so sagt man in Apt, werden so viele kandierte Früchte hergestellt wie hier. Man kann sie direkt ab Fabrik kaufen und deshalb spürbar günstiger als anderswo. Es gibt hier außerdem eingelegte Früchte, Nougats, Calissons und Konfitüre. Kerry Aptunion, Quartier Salignan • Tel. 04 90 76 46 66 • www.lesfleurons-apt.com • Mo–Sa 9–12, 14–18 Uhr

SERVICE

AUSKUNFT

Office de Tourisme

20, avenue Philippe de Girard • Tel. 04 90 74 03 18 • www.luberon-apt.fr

MARKT

Samstag

LUBERON

Ziele in der Umgebung
Fontaine-de-Vaucluse
▶ S. 114, A 11

600 Einwohner

Vor einer Felswand, von einem Schloss gekrönt, rauscht leuchtend grünes Wasser durch den Ort, Hunderte eilen der Quelle der Sorgue entgegen, ducken sich unter den Felsen – und sehen nichts. Meistens jedenfalls, denn eine echte Quelle ist hier nicht zu finden. Aus Karsthöhlen tritt der Fluss hervor, von dem keiner weiß, woher er kommt, und der bis zu 80 m³ Wasser pro Sekunde auf den Weg schickt. Wochenends ist der Ort ein Ausflugsziel, man trifft sich zum Forellenessen. Eher empfiehlt sich ein Besuch am Werktag. In diese Idylle zog sich 1337 Petrarca zurück, um seiner (mit einem Ahnen des Marquis de Sade verheirateten) Liebe Laura Sonette zu schreiben. Dem Dichter ist ein kleines Museum gewidmet (Rive gauche de la Sorgue; Mitte April–Mitte Okt. Mi–Mo).

29 km westl. von Apt

> **MERIAN-Tipp** 4
>
> **SORGUE-TOUR, FONTAINE-DE-VAUCLUSE** ▶ S. 114, A 11
>
> Badehose und T-Shirt bringt man mit, Kanu, Führer und Schwimmweste werden gestellt. Dann geht's, mit etwas Glück, die Sorgue entlang. Im Mai, Juni und September sind die Chancen gut, denn im Sommer kann die Strecke wegen Niedrigwasser mit 8 km kurz sein. Fontaine-de-Vaucluse, Canoe Evasion, Kreuzung D 24 (Richtung Lagnes)/D 57 • Tel. 04 90 38 26 22 • www.canoe-evasion.net

SEHENSWERTES
Moulin à Papier ♛♛

Man kann beim Papierschöpfen wie im 16. Jh. zusehen und schöne Blätter kaufen mit Lavendel, Farn und anderen Pflanzenteilen. 48 Schaufeln eines Wasserrads versorgen die Mühle.
Galerie Vallis Clausa, Chemin du Gouffre • Mo–Sa 10–19 Uhr • Eintritt frei

MUSEEN
Ecomusée du Santon et des Traditions de Provence ♛♛

In einer Souvenirläden-Galerie am Fluss sind an die 1000 weihnachtliche Krippenfiguren zu sehen. Besonders originell: Hinter einer Lupe sind sogar 39 Santons in einer Nussschale zu bewundern, die man sonst gar nicht auseinanderhalten könnte.
Galerie Vallis Clausa • www.musee-du-santon.org • tgl. 10–18 Uhr • Eintritt 3,50 €, erm. 1,80 €

SERVICE
AUSKUNFT
Office de Tourisme
Chemin de la Fontaine • Tel. 04 90 20 32 22 • www.oti-delasorgue.fr

MARKT
Dienstag

Gordes
▶ S. 114, B 11

2050 Einwohner

Einst war Gordes, eines der schönsten Dörfer Frankreichs, der Inbegriff verschachtelter Dorfeinsamkeit hoch über dem Coulon-Tal, die der Architekt Vasarély für seine Op-Art und zur Rettung des Renaissanceschlosses nutzte. Doch das ist längst Vergangenheit. Die Kunst ist in Aix zu sehen, und Gordes hat sich mit großen Parkplätzen auf den Besucheransturm eingerichtet. Dem flüchtigen

Gast bleibt jedoch verborgen, dass die Unterwelt des Ortes Zeugnisse seiner Handwerksepoche verbirgt.
18 km nordwestl. von Apt

SEHENSWERTES
Abbaye de Sénanque
Eines der drei in der Provence erhaltenen Zisterzienserklöster, manchen das schönste, jedenfalls das berühmteste, im Tal der Senancole hinter Lavendelfeldern gelegen. Ohne architektonischen und skulpturalen Prunk im 12. Jh. erbaut, ist es heute noch von Mönchen bewohnt. Man muss schon außerhalb der Saison oder morgens sehr früh kommen, wenn man die Weltabgeschiedenheit der imposanten Anlage genießen möchte. Besichtigungen des Klosters (für Gehbehinderte ungeeignet) unterliegen dessen Bedürfnissen. Wer dagegen für mindestens acht Tage am klösterlichen Leben teilnehmen will, bewirbt sich schriftlich.
D 177, 4 km (ausgeschildert) • www.senanque.fr • Besichtigung nur mit Führung ab ca. 10 Uhr außer So vormittags und Fei • Eintritt 7 €

Les Caves du Palais
In tiefen Kellern und riesigen Höhlen, wohl aus dem 15. Jh., hatte einst die Arbeitswelt von Gordes ihren Platz. Unter schönen Gewölben sind Zisternen, Silos, die Reste einer Ölmühle sowie Treppen zu sehen und mit Licht und Ton in Szene gesetzt.
Eingang zwischen Kirche und Belvédère • Mitte April–Mitte Okt. Mi–Mo 11–18, Juli, Aug. 10.30–19 Uhr • Eintritt 5 €

Village des Bories
Das Freilichtmuseum aus 20 restaurierten, bienenkorbähnlichen Steinhütten zeigt Schäfer- und Landarbeiterunterkünfte, die im Luberon weit verbreitet waren, als Dorfanlage.
Am Ortseingang ausgeschildert, 1,5 km • tgl. 9 Uhr bis Sonnenuntergang • Eintritt 6 €, erm. 4 €

ÜBERNACHTEN
Domaine des Trois Bories
▶ grüner reisen, S. 19

Le Gordos
Luxus im Landhaus • Durch ein steinernes Tor gelangen die Gäste zum außen traditionellen, innen eleganten Haus. Terrasse und Schwimmbad machen heiße Sommertage erträglich. Kein Restaurant.
Route de Cavaillon (1,5 km) • Tel. 04 90 72 00 75 • www.hotel-le-gordos.com • 19 Zimmer und ein Haus • €€€

SERVICE
AUSKUNFT
Office de Tourisme
Le Château • Tel. 04 90 72 02 75 • www.gordes-village.com

MARKT
Dienstag

> **MERIAN-Tipp**
>
> **GOULT** ▶ S. 114, B 11
>
> Wie aus dem Fels gewachsen breitet sich unter einer alten Windmühle ein schönes Dorf aus, das, sorgsam restauriert, die bäuerlichen Traditionen des Landes in einem ca. einstündigen Lehrpfad unverfälscht präsentiert. So erinnern Terrassenfelder auf 5 ha an ein antikes Amphitheater.
> 12 km westl. von Apt

L'Isle-sur-la-Sorgue

▶ S. 114, A 11

15 600 Einwohner

Die »Insel« (»îsle«) bezeichnet die von Sorgue-Armen umflossene Innenstadt. Durch die Rue Danton gegenüber der Barockkirche Notre-Dames-des-Anges im Zentrum gelangt man zu einem Wasserarm, an dem sich mehrere der letzten großen Wasserräder drehen.

Kanufahrt auf der Sorgue bei Fontaine-de-Vaucluse (▶ MERIAN-Tipp, S. 48).

Bekannt ist das Städtchen wegen der etwa 250 Antiquitätenhändler. Am sonntäglichen Trödel schlendern auch Händler von Paris bis Marseille zu den Ständen. Am letzten Sonntag im Monat ist Buchmarkt, Ostern und um den 15. Aug. beginnt ein mehrtägiger Markt. Eine weitere Attraktion ist der »schwimmende Markt« auf der Sorgue (Ende Juli/Anfang Aug.).
33 km westl. von Apt

ÜBERNACHTEN

Le Haras de l'eau

Frühstück am Fluss • Wunderschönes Anwesen am Ufer der Sorgue, mit Pferden im Park, geschmackvollen Zimmern und Schwimmbecken.
Chemin de Reydet, Le Thor (2,5 km von L'Isle-sur-la-Sorgue) • Tel. 04 90 02 30 98 • www.harasdeleau.com • 7 Zimmer • €€€

SERVICE

AUSKUNFT
Maison de Tourisme
Place de la Liberté • Tel. 04 90 38 04 78 • www.oti-delasorgue.fr

Roussillon

▶ S. 114, B 11

1150 Einwohner

Die Farbe, der Ocker, hat das Dorf auf den Hügeln nördlich von Gordes berühmt gemacht: Die Mauern der Häuser, von Eisenoxid gelb, orange und rot gefärbt, das in den Ockerbrüchen seit dem 18. Jh. den Menschen Arbeit verschaffte, verzaubern die Straßen. Je nach Sonneneinfall ist die Farbwirkung ganz unterschiedlich. Heutzutage füllt man die Farbe in Flaschen als Souvenir für die Touristen. Ein Ockerpfad beginnt vor dem Friedhof (2,50 €).
12 km nordwestl. von Apt

ÜBERNACHTEN

Lou Banestoun

Liebevoll eingerichtet • In einem schönen Weiler nahe der Ockerfelsen steht das Haus aus dem 18. Jh., in dem drei Zimmer mit Blick auf den Garten für Gäste hergerichtet sind. Zwischen den Ausflügen lädt eine Bibliothek zum Schmökern ein.
Hameau de Perrotet, Gargas (2 km von Roussillon) • Tel. 04 90 71 64 37 • www.lou-banestoun.com • €€

SERVICE

AUSKUNFT
Office de Tourisme
Place de la Poste • Tel. 04 90 05 60 25 • www.roussillon-provence.com

MARKT
Donnerstag

◎ Rustrel ▶ S. 114, C 11
614 Einwohner

Die kleine Ortschaft wurde durch ihre immensen verschiedenfarbigen Ockerbrüche, seit 1930 »Colorado provencal« genannt, berühmt (www.colorado-provencal.com). Tatsächlich haben sich hier auf insgesamt 31 ha bizarre Formen, von strahlend Weiß bis leuchtend Rot, gebildet, und vier Rundgänge (30 Min. bis 4 Std.) führen durch diese faszinierende Landschaft. Am Parkplatz (4€) ist ein Faltblatt mit Wegbeschreibungen erhältlich. Nützlich zu wissen: Ocker färbt zumindest die Schuhe und Strümpfe enorm – lässt sich allerdings mit kaltem Wasser und Seife gut auswaschen.
10 km nordöstl. von Apt

Bonnieux ▶ S. 114, B 12
1460 Einwohner

Ein Dorf, errichtet auf drei Etagen. Der traumhafte Ausblick, wenn man die 86 Stufen der alten Steintreppe erklommen hat, die in den Himmel zu führen scheint, jedoch bei der **Église Vieille** (12.–18. Jh.) schließlich endet, lohnt die Mühe selbst an heißen Sommertagen.

SEHENSWERTES
Pont Julien
Die römische Brücke über den Calavon (24 v. Chr.–14 n. Chr.) auf der Via Domitia (D 149, 5 km nach Roussillon), die einst Italien mit Spanien verband, ist heute wie damals bisweilen verheerenden Fluten ausgesetzt.

ÜBERNACHTEN
Domaine de Capelongue
Symphonie provençal • Hier darf man lukullische Höhenflüge erwarten. Zwei Sterne hat sich Edouard Loubet erkocht, und selbst typisch provenzalische Gaumenfreuden verwandelt er mit Lavendel und Kräuterlikör, Bohnenkraut und Rosmarin in überraschende Kompositionen. Das Lokal gehört zu einem Luxushotel. Zehn sehr schöne Ferienwohnungen gibt es auf dem Gelände.
Les Claparèdes, Chemin des Cabanes • Tel. 04 90 75 89 78 • www.capelongue.com • €€€€

Maison Valvert
▶ grüner reisen, S. 19

Le Mas des Deux Puits
Von Lavendel umgeben • Inmitten von Feldern, Obstbäumen und Trüffeleichen mit Blick auf den Mont Ventoux steht das Bauernhaus, nicht weit vom Ort. Gäste genießen einen großen Swimmingpool.
Ancien chemin de Lourmarin • Tel. 04 90 74 32 80 • www.masdesdeuxpuits.com • 5 Zimmer • €€€

ESSEN UND TRINKEN
La Flambée
Mitten im Ort • Die große Terrasse mit traumhaftem Blick lockt an schönen Sommerabenden auch die späten Spaziergänger. Spezialitäten des unkomplizierten Hauses kommen vom Grill, je nach Saison auch Trüffel- und Wildgerichte.
Place du 4 Septembre • Tel. 04 90 75 82 20 • Nebensaison Mo geschl. • €€

EINKAUFEN
Pâtisserie Henri Tomas

Wunderbares Brot, eine Fülle Kuchen und eine »galette provençale« – süß, mit Zuckerguss, Mandeln und Konfitüre, die zwei sich teilen sollten.
7, rue de la République • Di geschl.

SERVICE
AUSKUNFT
Office de Tourisme
7, place Carnot • Tel. 04 90 75 91 90 • www.tourisme-en-luberon.com

MARKT
Freitag; Ostern Topfmarkt

Ziele in der Umgebung

◉ Buoux ▶ S. 114, C 12
110 Einwohner

Das Fort – nur eine Ruine – ist die einzige mittelalterliche Verteidigungsanlage in der Provence. König Ludwig XIV. hatte es zerstören lassen, damit es nicht den Hugenotten als Refugium diente. Das alte Schloss gehört nun der Naturparkverwaltung und wird für Veranstaltungen genutzt. Vom Parkplatz führt ein Weg hinauf, unterwegs passiert man einen der wichtigsten Kletterfelsen des Vaucluse, und bestimmt hängen ganz Sportliche oben an der Wand. Trittfeste gehen zum Fort hinauf, das ein bisschen an die Katharerburgen im Languedoc erinnert: drei Mauerringe, eine romanische Kapelle und in den Fels gehauene Vorratsräume. Oben hat man einen schönen Blick ins Aiguebrun-Tal (Eintritt 4 €).
7 km östl. von Bonnieux

◉ Cavaillon ▶ S. 114, A 11
26 200 Einwohner

Im Zentrum des südfranzösischen Gemüsegartens zwischen Durance und Coulon liegt die Kleinstadt, um die herum köstliche Melonen wachsen. Aber auch traditionelle Sorten von Äpfeln, Birnen, Pflaumen und Kirschen werden wieder kultiviert. Auf dem Hügel **Saint-Jacques** über der Stadt thront eine Kapelle (12. Jh.). Reste eines römischen Triumphbogens aus dem 1. Jh. wurden an der Place du Clos wieder aufgebaut und erinnern an die frühe Besiedlung des Gebiets – in der Steinzeit nämlich, später von griechischen Händlern, dann als römische Kolonie. Etwas versteckt liegt in der Carrière, dem Ghetto aus dem 15. Jh., in der Rue Hébraïque die 1772 bis 1774 erbaute **Synagoge** (April–Sept. 10–12 und 14–18, sonst 17 Uhr, Sa geschl.). Im Museum im Erdgeschoss sieht man noch die Bäckerei, in der die rituellen Brote gebacken wurden (Di geschl.).
23 km westl. von Bonnieux

ESSEN UND TRINKEN
Fleur de Thym

Traditionelle Küche • Schönes Restaurant mit wechselndem Angebot an frischen Produkten der Region.
91, rue Jean-Jacques Rousseau • Tel. 04 90 71 14 64 • So, Mo mittags und Juli geschl. • €€

SERVICE
AUSKUNFT
Office de Tourisme
Place François-Tourel • Tel. 04 90 71 32 01 • www.cavaillon-luberon.com

MARKT
Montag; um den 14. Juli Melonenfest

◉ Lacoste ▶ S. 114, B 12
417 Einwohner

Hoch über dem Dorf ragte eine mächtige Ruine in den Himmel, als

Stammsitz der Familie Donatien-Alphonse-François und des Marquis de Sade (1740–1814) in die Kulturgeschichte eingegangen. Sieben Jahre seines skandalumwitterten Lebens hat er hier zugebracht, bevor Napoleon ihn ins Irrenhaus sperren ließ. Die Renovierung endete mit dem Tod des letzten Schlossherrn, dann erwarb es der Couturier Pierre Cardin. Markt: Dienstag.

6 km westl. von Bonnieux

Ménerbes ▶ S. 114, B 11
1100 Einwohner

Es war einfach ein sehr schönes Dorf in herrlicher Lage, bevor der Schriftsteller Peter Mayle es zum Wallfahrtsort für Engländer machte. Daraufhin ist er weggezogen, und in den schönen Häusern auf herrlichen Grundstücken, meist hinter Mauern verborgen, verbringen Pariser ihre Ferien, Künstler haben sich mit Galerien niedergelassen. Die Besucher suchen nun das wunderbar kühle **Korkenziehermuseum**, in dem sie an über 1000 Exemplaren sehen können, wie man seit dem 17. Jh. an den guten Tropfen gelangte.

17 km westl. von Bonnieux • Musée du Tire-Bouchon: Domaine de la Citadelle, Richtung Cavaillon • www.musee-tirebouchon.com • April–Okt. tgl. 10–12, 14–19, Nov.–März bis 17 Uhr, So geschl.

Lourmarin ▶ S. 114, C 12
1100 Einwohner

Nur eine einzige Straße (D 943) verbindet den großen Luberon im Norden mit dem kleinen im Süden. Sie führt von Bonnieux nach Lourmarin, das gepflegt, mit eleganten Geschäften, Bars und Galerien fast ungewöhnlich aufgeputzt wirkt. Der Schriftsteller Albert Camus liegt auf dem Friedhof in der Ebene begraben. Im **Schloss** aus dem 15./16. Jh. (www.chateau-de-Lourmarin.com; Juni–Aug. 10–18, Mai, Sept. 10.30–11.30, 14.30–17.30, März, April, Okt. 10.30–11.30, 14.30–16.30, Nov., Dez., Feb. bis 16, Jan. Sa und So nur 14.30–16 Uhr; Eintritt 6,50 €) sind alte Möbel aus Marokko, Ägypten und Spanien zu bewundern, daneben chinesische Musikinstrumente und Keramikobjekte aus der Region. Der Bestand an Kunstwerken erhöht sich Jahr um Jahr durch die Förderung von Künstlern, die einen Teil ihres Werkes hinterlassen. Markt: Dienstag.

MERIAN-Tipp

OPPÈDE-LE-VIEUX
▶ S. 114, B 12

Es schien nahezu vergessen, dieses im 16. Jh. verlassene Oberdorf mit gepflasterten Gassen, Renaissancehäusern und einer fast verschwundenen Schlossruine, wenige Kilometer von Oppède-Bas, dem Dorf im Tal, entfernt. In den vergangenen Jahren sind um das malerische Bergnest wieder Terrassen mit Wiesen und Obstbäumen und Wein entstanden. Blumen blühen vor den restaurierten Häusern aus dem 15. und 16. Jh., und Immobilienmakler haben den Ort im Angebot. Der Initiative mehrerer Künstler ist zu danken, dass die Anlage wieder neugierig macht. Durch ein altes Stadttor kann man vorsichtig über Geröll zur ehemaligen Stiftskirche und zur Burgruine aus dem 15. Jh. hinaufsteigen.

22 km westl. von Bonnieux

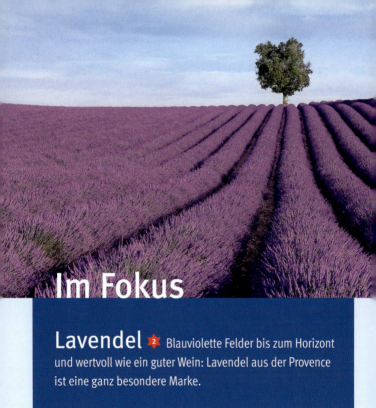

Im Fokus

Lavendel ❷ Blauviolette Felder bis zum Horizont und wertvoll wie ein guter Wein: Lavendel aus der Provence ist eine ganz besondere Marke.

Wie enttäuscht sie sind, die Urlauber, die Pfingsten zum Kloster Sénanque gefahren sind, weil ein Bild sie lockte: die blauvioletten Lavendelreihen, die so schön mit den grauen Klostermauern kontrastieren. Wie Reihen grüner Igel stehen die Kräuter im Wind, es ist zu früh. Ende Juni wird es so weit sein, dann werden auch hier die Bienen summen, und jeder Windhauch wird die Luft ringsum bis in den September mit feinem Duft erfüllen. Der Lavendel wird vom Vaucluse über die Drôme bis zur Hochprovence blühen. Die Bilder im Kopf werden wieder mit der Realität übereinstimmen, und nichts wird darauf hindeuten, dass es eine Lavendelkrise geben könnte.

Seit der Antike ist der Lavendel, der aus Persien und von den Kanarischen Inseln stammt, in der Provence heimisch. Schon die alten Ägypter kannten berauschende Parfüms, die Lavendel enthielten. Als man 1922 das Grab des Tutanchamun öffnete, das mehr als 3000 Jahre lang verschlossen war, fand man Gefäße mit Salbe, der noch immer ein schwacher Lavendelduft anhaftete. Griechen und Römer nutzten die Heilpflanze als Medizin, für Bäder, Parfüms und für die Wäsche.

Ingredienz der Parfümeure

Die einst wilde Pflanze, von Schäfern auf den Bergen gesammelt, zog in Klostergärten ein. Die Meisterparfü-

◄ Dicht an dicht reihen sich die Lavendelfelder zur Blütezeit ab Ende Juni.

meure, seit 1759 als eigene Zunft in Grasse organisiert, nutzen seit der zweiten Hälfte des 19. Jh. Lavendelessenzen für Parfüme und kosmetische Produkte. Seit Beginn des 20. Jh. wurde Lavendel systematisch angebaut, der Bedarf wuchs, die Anbauflächen wurden größer, eine mechanische Ernte erlaubte schnelle Verarbeitung.

Mit der synthetischen Produktion von Düften begann die Krise, fortgesetzt durch das Lavendelsterben, das ein Bakterium seit Jahren verursacht. Und wenn man die Blüten doch benötigte, kamen sie nun aus Bulgarien, längst auch Rumänien und China.

Die Provence wappnete sich für den veränderten Markt, Lavendelöl aus der Hochprovence wurde im Jahr 1981 zur besonderen und geschützten Marke (Appellation d'Origine Contrôlée, AOC) erhoben. Das kennt man bereits vom Wein. Das gilt nun auch für das Öl des echten Lavendels (*Lavandula angustifolia* oder »lavande fine«). Die Pflanzungen dafür befinden sich vorwiegend im Gebiet der Montagne de Lure. Sie liegen oberhalb von 800 m und müssen in einer olfaktorischen Prüfung und bei physikalisch-chemischen Analysen festgelegten Qualitätsnormen entsprechen.

Ernte in großem Stil

Heute findet man 94 % der französischen Produktion von echtem Lavendel und Lavandin – einer natürlichen Kreuzung zweier Arten durch Bestäubung, die besonders widerstandsfähig ist und blumige mit Kampferdüften verbindet – in den Alpes de Haute-Provence, den Hautes-Alpes, in der Drôme und im Vaucluse. Die mit 1730 ha größten Anbauflächen für den echten Lavendel liegen im Vaucluse.

Auf 1 ha gedeihen ungefähr 12 000 bis 15 000 Lavendelpflanzen und etwa 8000 bis 10 000 Lavandinpflanzen. Sie tragen nach dem zweiten Jahr und bringen zwischen dem vierten und sechsten Anbaujahr den Höchstertrag, aber nach zehn Jahren müssen die Kulturen durch Getreide oder Viehfutter ersetzt werden, bis der Boden sich wieder für Lavendelpflanzungen eignet. 1 ha echten Lavendels ergibt 15 bis 20 kg Lavendelöl, 1 ha Lavandin 60 bis 150 kg.

Schon Anfang Juli beginnt die manuelle Ernte für Lavendelbouquets, mechanischer Schnitt und Trocknen der Blüten erfolgen Mitte Juli, und auch die mechanische Ernte für die Destillation findet im Juli statt. Provencebesucher haben somit selbst im Hochsommer nicht überall das Glück, blühende Lavendelfelder zu erleben.

Aber in Sault-en-Provence kann man im Juli und August die Destillerie besuchen (Tel. 04 90 64 14 83), in Valensole den Hof Campagne Neuve (Tel. 04 92 74 80 53) oder überhaupt den Lavendelstraßen folgen (www.routes-lavande.com). Und jedes Jahr wird am 15. August im Ort Sault das Lavendelfest gefeiert. Dann gibt es Wettkämpfe im Lavendelschneiden, das Destillieren wird demonstriert, und auch ein Umzug mit Kutschen, Blumenwagen und alten Autos gehört dazu.

Man sollte schon ein Bouquet oder ein Säckchen Lavendel aus der Provence mit nach Hause nehmen, nicht nur, weil es dort ganz unprosaisch die Luft im Kleiderschrank verbessert. Es hilft zum Träumen, vom vorigen oder vom nächsten Urlaub und von der Ruhe, vom Licht, von den Farben und Geräuschen der Provence.

Arles und Camargue
Im Westen die Rhône, im Süden die amphibische Uferzone am Mittelmeer. Die Provence ist auch ein Terrain am Wasser, und hier erstreckt sich eine der ältesten Kulturlandschaften Europas.

◀ Das Wahrzeichen von Arles ist das unter Kaiser Augustus errichtete römische Amphitheater (▶ S. 57).

Bouches-du-Rhône heißt das Département, dessen westliche Hälfte mit 760 qkm zu **Arles** gehört, der flächenmäßig größten Stadt in Frankreich. Nicht nur dort erwarten den Besucher erstaunlich gut erhaltene gallo-römische Bauwerke und Zeugnisse des Mittelalters. **Saint-Rémy-de-Provence** hat seine Altstadt herausgeputzt und präsentiert die Erinnerungen an den Maler Van Gogh. Das mittelalterliche **Les Baux-de-Provence** kann gar nicht so viele Parkplätze an und um seinen Felsen schaffen, dass es in der Hochsaison für alle reichen würde.

Die **Camargue** ist Teil von Arles, mit dem Wasser des Rhône-Deltas, mit Reisfeldern, Stieren und Flamingos. Und damit auch mit wirtschaftlichen Problemen, seit feststeht, dass Salz auf der anderen Seite des Mittelmeeres, etwa in Tunesien, billiger gewonnen werden kann und wird.

Arles ▶ S. 113, D 6

Stadtplan ▶ S. 59
52 600 Einwohner

Die glühende Sonne und heftiger Wind haben die Dachziegel der römischen Metropole in der Provence, der schönsten Rhône-Stadt, gebleicht. Besucher umrunden die mächtigen Arenen, in die schon in der Antike zahlreiche Menschen strömten.

Die Zeitrechnung hatte gerade erst begonnen, als Konsul Marius **Arelate**, den Ort, den die Kelto-Ligurer im 6. vorchristlichen Jahrhundert als griechische Kolonie besiedelt hatten, durch einen Kanal mit dem Golf von Fos verbinden ließ. Man kennt ihn von der Zugbrücke von Langlois, die Van Gogh 1888 verewigte und die heute noch am gleichen Ort als Reproduktion zu sehen ist.

50 000 Einwohner hatte die römische Stadt, fast genauso viele wie heute. Das heißt jedoch nicht, dass Arles vor allem ein Museum ist. Mit Stierkampf – selbst in Frankreich umstritten –, Fotografie und auch Mode macht es heute von sich reden.

SEHENSWERTES

Les Alyscamps ▶ S. 59, südöstl. c 4

Die Alissii Campi, Gräberfelder oder Gefilde der Seligen, in römischer Zeit am Stadtrand gelegen, sind ein historischer Friedhof, im Mittelalter sogar der wichtigste christliche von Arles, der mit mehr als 1000 Sarkophagen bestückt war. Am Ende einer gräbergesäumten Allee steht noch **Saint-Honorat**, die letzte von 19 Kirchen und Kapellen, die es im 13. Jh. hier gab.
Avenue des Alyscamps • Mai–Sept. 9–19, März, April, Okt. 9–12, 14–18, Nov.–Feb. 10–12, 14–17 Uhr • Eintritt 3,50 €, erm. 2,60 €

Les Arènes ▶ S. 59, c 2

Im 1. Jh. unserer Zeitrechnung entstand dieses Amphitheater, dessen Oval 136 m lang und 107 m breit ist, mit zwei Etagen aus je 60 Arkaden.

Es bot gut 20 000 Zuschauern Platz. Im Mittelalter diente es als Festung, später gab es innerhalb der Mauern sogar ein Dorf mit zwei Kapellen. Heute finden hier Stierkämpfe statt.
Rond-point des Arènes • Mai–Sept. 9–19, März, April, Okt. 9–18, Nov.–Feb. 10–17 Uhr • Eintritt 6,50 €, erm. 5 €

Fondation Vincent van Gogh-Arles
▶ S. 59, b 2

Es gibt hier kein Bild von Van Gogh, der an der Place Lamartine 2 wohnte, aber eine ständige Hommage zeitgenössischer Künstler wie Francis Bacon, Fernando Botero, Olivier Debré, Antonio Saura. Auch Fotografen, Bildhauer und Poeten dürfen ihre Werke präsentieren.
Palais de Luppé, 24 bis, Rond-point des Arènes • www.fondationvangogh-arles.org • April–Juni 10–18, Juli–Sept. 10–19, Okt.–März Di–So 11–17 Uhr • Eintritt 7 €, erm. 6 €

Saint-Trophime 6
▶ S. 59, b 3

Umfangreiche Restaurationen gaben dem Portal aus dem 12. Jh. seine alte Schönheit wieder. Wunderbar ist auch die Vielfalt der Verzierungen und Plastiken des **Kreuzgangs**, die von Motiven des frühchristlichen Arles, Stationen aus dem Leben Jesu bis zu provenzalischen Themen reichen. Harmonie bestimmt die zwei romanischen und zwei gotischen Galerien.

> **WUSSTEN SIE, DASS ...**
>
> ... sich von mehr als 200 Bildern und Zeichnungen, die Van Gogh in Arles und Saint-Rémy-de-Provence in fieberhaftem Rausch schuf, kein einziges dort befindet? Der Maler verkaufte zu Lebzeiten nur ein einziges Bild, den »Roten Weinberg«.

Place de la République • Öffnungszeiten ▶ Les Arènes, S. 57 • Eintritt 3 €, bei Ausstellungen 3,50 €, erm. 2,60 €

MUSEEN

Musée départemental–Arles antique
▶ S. 59, südwestl. a 4

Ein riesiges Dreieck aus blauem Glas, vom Stararchitekten Henri Ciriani so entworfen, dass man von der Terrasse einen wunderbaren Blick auf die Stadt hat, birgt Arles' gesamte Vergangenheit. Die römische Kaiserzeit (Modelle und Großplastiken), Bebauungspläne unterschiedlicher Epochen, die Venus von Arles (eine Kopie aus dem ehemaligen Musée Lapidaire, das Original steht im Louvre in Paris), Haushaltsgeräte und Schmuck sowie Mosaike aus den reichen Villen des 3. und 4. Jh.
Zurzeit leider nicht ausgestellt ist der Sensationsfund vom Herbst 2007, wegen intensiver Untersuchungen lange geheim gehalten: eine Marmorbüste Julius Caesars, die mehr als 2000 Jahre mit 500 anderen Fundstücken in der Rhône gelegen hatte.
Presqu'île du Cirque Romain • Tel. 04 13 31 51 03 • www.arles-antique.cg13.fr • Mi–Mo 10–18 Uhr • Eintritt 6 €, Kinder frei, erm. 4,50 €, 1. So im Monat frei

Musée Réattu
▶ S. 59, b 2

Wer sich für zeitgenössische Kunst interessiert, sollte das Museum in einer einstigen Komturei der Malteserritter, nach seinem Stifter und Maler benannt, nicht versäumen. Man sieht Werke von Réattu und französische, italienische sowie niederländische Meister aus dem 16. bis 18. Jh., daneben Gemälde von Dufy, Léger, Vasarély, Skulpturen von César, Zadkine und Bury. 57 Zeichnungen, die Pi-

casso dem Museum geschenkt hat, zeigen die Vielfalt seines Könnens.
Rue Grand Prieuré • www.musee reattu.arles.fr • Feb.–Juni, Okt.–Dez. Di–So 10–12.30, 14–18.30, Juli–Sept. 10–19 Uhr • Eintritt 7 €, erm. 5 €

SPAZIERGANG

Stadtplan ▶ S. 59

Da es im Office de Tourisme eine Eintrittskarte für mehrere Sehenswürdigkeiten gibt (Passeport Avantage, mindestens 1 Museum und höchstens 4 Sehenswürdigkeiten, 13,50 €, erm. 12 €), empfiehlt sich hier, an der Esplanade Charles-de-Gaulle, auch der Beginn unseres Spaziergangs.

Hier werden heute Reste eines gallorömischen Viertels Stück für Stück freigelegt. Am Mittwoch- und Samstagvormittag kann man sich am **Boulevard des Lices** direkt in die faszinierende Marktatmosphäre begeben. Durch den Jardin d'Été gelangt man zum **Théâtre Antique** aus dem 1. Jh. v. Chr. Hinter dem Halbrund der Zuschauerstufen führt die Straße zur berühmten **Arena**. Die romanische Kirche Notre-Dame-de-la-Major ersetzte einen römischen Tempel.

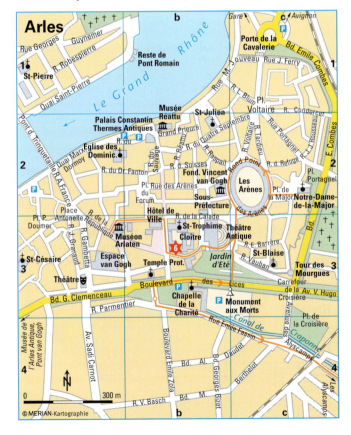

Wer sich vor der Kirche nach links wendet, hat nun mitten in der Stadt einen schönen Blick auf die Cevennen links, die Abbaye de Montmajour und den Mont Ventoux. Um den Rond-point geht es zurück, an der **Fondation Vincent van Gogh** vorbei. Durch die stille Rue du Cloître erreicht man die **Place de la République** sowie Kirche und Kreuzgang **Saint-Trophime**, die dem ersten Bischof von Arles gewidmet worden waren. Die harmonischen Proportionen und Schönheit der Figuren haben den kleinen Kreuzgang zum berühmtesten der Provence gemacht. Als Meisterwerk der romanischen Kunst ist Saint-Trophime auch in das UNESCO-Verzeichnis des Weltkulturerbes aufgenommen worden.

Der **Obelisk** vor dem Rathaus, den Julius Cäsar einst aus Ägypten mitgebracht hatte, soll im römischen Zirkus seinen Platz am Ziel der Wagenrennen gehabt haben. Am Ende der Rue Balze, hinter einer unterirdischen Säulenhalle (1. Jh. v. Chr.), wendet man sich nach links und kommt an der Rue de la République zum **Museon Arlaten**, wo Frédéric Mistral ein provenzalisches Heimatmuseum eingerichtet hat. Über den Boulevard des Lices nach Süden ist es eine knappe halbe Stunde zu Fuß zu den **Alyscamps**.

Dauer: 2 Std.

ÜBERNACHTEN

Nord Pinus ▶ S. 59, b 2

Herberge der Großen • Diese Grandhotel-Legende im Zentrum der Stadt beherbergte nicht nur Jean Cocteau, König Farouk und Pablo Picasso, sondern – ganz offensichtlich – auch berühmte Stierkämpfer. Weniger betuchte Aficionados werden auch an der Bardekoration ihre Freude haben.

14, place du Forum • Tel. 04 90 93 44 44 • www.nord-pinus.com • 26 Zimmer • ♿ • €€€€

Zimmer im Altstadthotel Nord Pinus (▶ S. 60). Das Haus in der Nachbarschaft des Amphitheaters und der Kirche Saint-Trophime ist seit 1865 eine Institution in Arles.

D'Arlatan ▶ S. 59, b 2

Schönes, altes Stadtpalais • Das Haus ist in provenzalischem Stil und sehr komfortabel ausgestattet, mit Garten, Schwimmbad und Garage.
26, rue du Sauvage • Tel. 04 90 93 56 66 • www.hotel-arlatan.fr • 49 Zimmer • ♿ • €€€

Le Cloître ▶ S. 59, b 3

Design und Retro • Die bunte Mischung macht das neue Hotel mitten in der Altstadt so attraktiv bzw. cool: eine farbenfrohe Einrichtung auf schwarz-weißem Mosaik, dazu die Bar über den Dächern der Stadt.
18, rue du Cloître • Tel. 04 88 09 10 00 • www.hotel-cloitre.com • 11 Zimmer • ♿ • €€€/€€

ESSEN UND TRINKEN

L'Atelier
▶ grüner reisen, S. 19

La Charcuterie ▶ S. 59, b 2

Paradies der Feinschmecker • In einer alten Metzgerei gibt es Wurst und Fleisch, wie man es aus den Gourmetlokalen Lyons kennt. Hier genießt man aber alles in rustikalem Ambiente an Tischen mit karierten Decken.
51, rue des Arènes • Tel. 04 90 96 56 96 • www.lacharcuterie.camargue.fr • So, Mo und zwei Wochen in der Hochsaison geschl. • €€€

Le Cilantro ▶ S. 59, c 2

Eins der besten der Region • Ein echter Feinschmeckertempel, mit einem Stern ausgezeichnet und dabei angenehm und freundlich. Hier trifft mediterrane Kochkunst in gelungener Weise auf fremde Küchen.
31, rue Porte de Laure • Tel. 04 90 18 25 05 • www.restaurantcilantro.com • €€€

Brasserie du Nord Pinus
▶ S. 59, b 2

Ideale Mittagspause • Bei schönem Wetter sitzt man draußen und genießt im Kreise von Angestellten und Berühmtheiten ein verblüffend günstiges, aber hervorragendes Menü.
14, place du Forum • Tel. 04 90 93 44 44 • €€

Au Brin de Thym ▶ S. 59, b 2

Klein, frisch, freundlich • Ausgesprochen liebenswürdiges Lokal, in dem man bei kleinem Hunger auch mal einen Gang bestellen kann ohne das Gefühl, etwas falsch zu machen. Aus frischen Zutaten wird provenzalisch gekocht. In der Boutique nebenan findet man vielleicht ein originelles Mitbringsel.
22, rue du Dr.-Fanton • Tel. 04 90 49 95 96 • Di, Mi mittags in der Saison geschl. • €€

AM ABEND

Wer nur bei einem Glas Wein draußen sitzen möchte, findet in den großen Cafés am Boulevard des Lices Platz; in manchen kann man auch essen.

Café Van Gogh ▶ S. 59, b 2

Das Nachtcafé präsentiert sich fast zu leuchtend gelb für einen späten Schoppen. Vincent van Gogh hat es mit einem seiner bekanntesten Bilder berühmt gemacht und gern an diesem Platz gemalt.
11, place du Forum • Tel. 04 90 96 44 56 • tgl. 9–24, Juli, Aug. bis 2 Uhr

Cargo de Nuit ▶ S. 59, a 4

Hotspot des Nachtlebens von Arles, Anlaufpunkt für Musikfreunde jeder Couleur, Funk, Soul, Jazz, aber auch Chansons und Flamenco. Außerdem Clubabende mit DJs oder Mode-

schauen. Lokal mit Weinbar und Tapas, manchmal Sonntagsbrunch.
7, avenue Sadi Carnot • www.cargo denuit.com • Einlass 20.30, Konzertbeginn 21.30 Uhr

SERVICE

AUSKUNFT
Office de Tourisme ▶ S. 59, b 3
Boulevard des Lices • Tel. 04 90 18 41 20 • www.arlestourisme.com

AUSSTELLUNG
Rencontres internationales de la photographie
Von Anfang Juli bis Mitte Sept. treffen sich seit 1970 Fotografen aus aller Welt in Arles. Die Fotos, die sie mitbringen, werden bis Sept. ausgestellt.
10, rond-point des Arènes • Tel. 04 90 96 76 06 • www.rentcontres-arles.com

Ziele in der Umgebung

◉ Abbaye de Montmajour
▶ S. 113, D 5

Über einer großen Krypta liegt die schlichte, hohe Kirche der Benediktinerabtei, im 10. Jh. gegründet und niemals vollendet. Romanische Kapitelle im schönen Kreuzgang erinnern an Saint-Trophime in Arles.
Route de Fontvieille, 6 km nordöstl. von Arles • www.montmajour.monuments-nationaux.fr • April–Juni tgl. 9.30–18, Juli–Sept. tgl. 10–18.30, Okt.–März Di–So 10–17 Uhr • Eintritt 7,50 € (erm. 4,50 €, Kinder frei)

◉ Salon-de-Provence
▶ S. 116, A 13
40 100 Einwohner

Im 19. Jh. eine blühende Handelsmetropole, heute ein Anziehungspunkt für Freunde der Esoterik: **Nostradamus** hatte sich 1547 hier niedergelassen und sich bald einen Namen als Arzt, Astrologe und Prophet gemacht. Er wurde in der Dominikanerkirche Saint-Laurent beigesetzt.
35 km nordöstl. von Arles

SERVICE

AUSKUNFT
Office de Tourisme
56, cours Gimon • Tel. 04 90 56 27 60 • www.salondeprovence.com

◉ Tarascon
▶ S. 113, D 5
11 000 Einwohner

Die Rhône trennt das umtriebige Beaucaire im Languedoc vom stillen Tarascon, das französische Schüler von Alphonse Daudets (1840–1897) »Tartarin de Tarascon« kennen. Tartarin ist die Karikatur eines provenzalischen Prahlhans. Die Bewohner Tarascons haben dem Dichter nach 100 Jahren verziehen und schließlich 1985 ein Haus eingerichtet, das nach Szenen des Buches möbliert wurde.
19 km nördl. von Arles

SEHENSWERTES
Château du Roi René
Vom Vater des »guten« René, Louis II. d'Anjou, 1401 begonnen, wurde das Schloss von König René im Renaissancestil ausgebaut. Lange Zeit diente es als Gefängnis. Im Inneren sind Wandteppiche aus Flandern zu bewundern sowie 210 Steingutfayencen aus einer alten Apotheke.
Boulevard du Roi René • http://chateau.tarascon.fr • Feb.–Mai, Okt. 9.30–17.30, Juni–Sept. 9.30–18.30, Nov.–Jan. 9.30–17 Uhr • Eintritt 7 €, erm. 5 €

SERVICE

AUSKUNFT
Maison de Tourisme
16, boulevard Itam • Tel. 04 90 91 03 52 • www.tarascon.org

Saintes-Maries-de-la-Mer
▶ S. 112, C 7

2500 Einwohner

Vor einigen Jahrzehnten war Saintes-Maries noch ein ruhiger Ort in der Camargue, und wenn im Mai die wallfahrenden Zigeuner kamen, feierte man, guckte bisweilen einem neugierigen Ornithologen nach, und dann spielte man wieder Boule. Doch dann wurde es irgendwie »entdeckt«, als Zentrum von Freiheit und Abenteuer. Heute säumen Hotels, Restaurants und Pferdekoppeln die Straßen. Die Saison beginnt am 24./25. Mai, wenn bei der berühmten **Zigeunerwallfahrt** (▶ S. 25) Menschen aus allen Teilen Frankreichs und Europas zusammenströmen. Dann wird in der Kirche der doppelte Reliquienschrein der beiden Marien in den Chor hinuntergelassen, damit die Gläubigen ihn anfassen können. Ein Zug trägt die Statue der hl. Sara an den Strand, die Wallfahrer lauschen einer Predigt, und die Gardians stehen mit ihren Pferden im Meer.

Außerhalb der Wallfahrtszeit kann man die 53 Stufen zum Wehrgang der Kirche (12. Jh.) hinaufklettern und den traumhaften Ausblick genießen.

SEHENSWERTES

Parc Naturel de Camargue

Ungefähr 95 000 ha groß ist das Schwemmland des Deltas, mit dem die Rhône im Mittelmeer ankommt, immer noch 86 300 ha entfallen auf das Gebiet zwischen Großer und Kleiner Rhône, das sich seit 1972 als Parc Naturel Régional de Camargue, also als Naturpark, von Arles bis Saintes-Maries-de-la-Mer erstreckt. Im Lauf von Tausenden von Jahren hat der Fluss mit dem Geröll, das er mitschleppte, Wälle in den Sumpf geschoben. Durch Küstenströmungen sind Lagunen entstanden, und immer noch verschiebt sich die Uferlinie, obwohl längst Dämme wie ein dünner Saum das Ganze zusammenzuhalten scheinen. So erstrecken sich endlose Sandstrände südlich von Arles über Saintes-Maries-de-la-Mer bis nach Le Grau-du-Roi im Westen. www.parc-camargue.fr

MUSEEN

Musée de la Camargue

Das Ökomuseum, in einer alten Schäferei eines Bauernhofs untergebracht, präsentiert außer der geologischen Geschichte der Camargue auch die der Besiedelung und Urbarmachung des Rhône-Deltas. Auf einem 3,5 km langen Lehrpfad werden diverse Formen der Umgebung gezeigt. Mas du Pont de Rousty, 27 km nördl. von Stes-Maries, D 570 Arles/Stes-Maries • Tel. 04 90 97 10 82 • April–Sept. Mi–Mo 9–12, 13–18, Okt.–März Mi–Mo 10–12.30, 13–17 Uhr, 1. Mai geschl. • Eintritt 5 €, erm. 2,50 €

> ### MERIAN-Tipp
>
> #### LA GOUSSE D'AIL
> ▶ S. 113, E 5
>
> Ein Kinderland für Groß und Klein – dafür schuf ein Luxemburger eine einladende Atmosphäre (die Großmutter hat mit selbst gefertigten Puppen geholfen). Es gibt gutes provenzalisches Essen zu angemessenen Preisen, hervorragende Weine, dezente klassische Musik. Saint-Rémy-de-Provence, 6, boulevard Marceau • Tel. 04 90 92 16 87 • www.la-goussedail.com • außerhalb der Saison Mi geschl. • €€

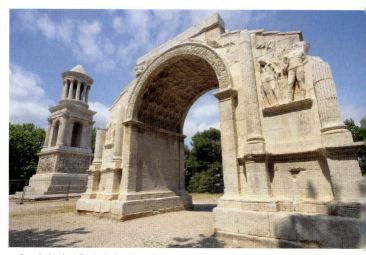

Der eindrucksvolle römische Triumphbogen in der Ausgrabungsstätte Glanum (▶ S. 64) am Stadtrand von Saint-Rémy stammt aus der Regierungszeit von Kaiser Augustus.

SERVICE
AUSKUNFT
Office de Tourisme
Infos über Stierspiele, Corridas, Soireen mit Pferden, Flamenco …
5, avenue Van-Gogh • Tel. 04 90 97 82 55 • www.saintesmaries.com

Saint-Rémy-de-Provence
▶ S. 113, E 5

10 000 Einwohner

Das Städtchen gilt als Tor zu den Alpillen. Ein platanenbestandener Boulevard umringt die sanierte Altstadt. Saint-Rémy kommt in Mode, immer mehr Galerien richten sich ein, und man kann sehr gut essen.

SEHENSWERTES
Les Antiques

Ein Triumphbogen, entstanden zu Beginn unserer Zeitrechnung, steht, gut erhalten, neben einem mächtigen Mausoleum. Aus den Inschriften darf man schließen, dass die Grabstätte zu Ehren von Caius und Lucius, der Enkel von Kaiser Augustus, errichtet wurde. Die Toten werden mit Szenen aus der Ilias geehrt.
Avenue Vincent van Gogh, Richtung Maussane, 15 Min. zu Fuß • www.saintremy-de-provence.com

Glanum

Im Museum kann man sich am Eingang an Modellen darüber informieren, was man nicht mehr sieht – eine antike Stadt, im 6. Jh. v. Chr. dank einer Alpillen-Quelle hier errichtet.
Avenue Vincent van Gogh • http://glanum.monuments-nationaux.fr • April–Sept. tgl. 10–18.30 (Sept. Mo geschl.), Okt.–März Di–So 10–17 Uhr • Eintritt 7,50 €, erm. 4,50 €

Saint-Paul-de-Mausole

Das Augustinerkloster aus dem 12. Jh. wurde 1807 zur Heilanstalt, hier verbrachte Van Gogh (1853–1890) das Jahr vor seinem Tod in Auvers-sur-

Oise, malte an der Staffelei im Garten Olivenhaine und Sternennacht. Nebenan kann man einen wunderschönen Kreuzgang besichtigen.
Quartier St-Paul, vor Glanum links • Tel. 04 90 92 77 00 • tgl. 9.30–19, im Winter 10.15–16.45 Uhr • Eintritt 4 €

ÜBERNACHTEN
Les Ateliers de l'Image
Ungewöhnliche Akzente • In diesem Luxushotel spielt die Fotografie eine besondere Rolle. Neben Garten, Schwimmbad und Restaurant mit Terrasse gibt es eine ehemalige Music-Hall, die für Veranstaltungen und als Fotogalerie genutzt wird. Die junge Equipe im charmanten Haus hat sich den traditionellen Werten gehobener Gastlichkeit verschrieben.
36, bd. Victor Hugo • Tel. 04 90 92 51 50 • www.hotelphoto.com • €€€€

Sous les Figuiers
Für Kunstfreunde • Ein bildschönes und charmantes kleines Hotel, in dessen Atelier man sich auch im Malen üben kann. Einige Zimmer führen auf eine Gartenterrasse.
3, avenue Taillandier • Tel. 04 32 60 15 40 • www.hotel-charme-provence.com • 12 Zimmer • €€/€€€

SERVICE
AUSKUNFT
Office de Tourisme
Place Jean-Jaurès • Tel. 04 90 92 05 22 • www.saintremy-de-provence.com

Ziel in der Umgebung
◎ Les Baux-de-Provence ††
▶ S. 113, E 5
460 Einwohner
Auf einem Felsplateau, 900 m lang und 200 m breit, erstrecken sich ein kleines Dorf und eine Burgruine. Das räuberische Adelsgeschlecht, das sich hier niederließ und im 11. Jh. 79 Burgen und Dörfer besaß, führte den Stern von Bethlehem im Wappen, mit dem es auf Balthasar, einen der Heiligen Drei Könige, im Stammbaum verwies. Als Liebeshof der Troubadoure war Les Baux später bekannt. Wer aus nördlicher Richtung anreist (D 27), passiert im **Val d'Enfer** die **Cathédrale d'Images**, einen stillgelegten Steinbruch. Die Höhlenwände wurden zur Projektionsfläche für eine Multimediashow (tgl. 10–19 Uhr; Eintritt 7,50 €). In der Kirche **Saint-Vincent** (12. Jh.) wird noch eine provenzalische Weihnacht gefeiert. Am Ende der Rue de Trancat und durch das **Musée d'Histoire** (tgl. geöffnet; Eintritt 8,50 €) gelangt man in die Totenstadt: nur mehr Ruinen, die von einstiger Größe zeugen. Im Sommer gibt es dort mittelalterliche Duelle.
10 km südwestl. von Saint-Rémy

MERIAN-Tipp

LE PRINCE NOIR ▶ S. 113, E 5
Der Prinz heißt Benoit, seine deutsche Frau Ute, und sie vermieten drei zauberhafte, in den Fels gehauene Gästezimmer unter der Burg, im höchsten Gebäude von Les Baux. Das Künstlerhaus, mit zahlreichen Werken ausgestattet und mit riesiger Aussichtsterrasse über dem Höllental, eröffnet den Bewohnern die Gelegenheit, das unvergleichliche Flair dieses Bergnestes auch vor und nach den Besuchermassen kennenzulernen.
Les Baux, Rue de l'Orme • Tel. 04 90 54 39 57 • www.leprincenoir.com • €€

Zwischen Alpen und Meer

Naturwunder und kulturelle Kleinode – ein Land der Kontraste zwischen Marseille und Verdon-Schlucht. Und mittendrin Aix, für viele die schönste Stadt der Provence.

◀ Ein schöner Blumenmarkt ziert die Place de l'Hôtel de Ville in der Altstadt von Aix-en-Provence (▶ S. 67).

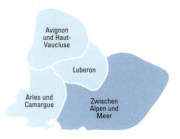

Aix, wie alle sagen, ist die wohl schönste Stadt der Provence. Marseille ist sicher die spannendste, noch voller Baustellen bis über 2013 hinaus, und soll der »Leuchtturm am Mittelmeer« werden, eine Metropole internationalen Ranges, in die schon Milliarden investiert wurden. Die schönen Fjorde, die Calanques, sind seit 2012 Naturschutzgebiet.

Währenddessen scheint im Norden, in den Alpes-de-Haute-Provence um den Fluss Durance, das Leben stillzustehen. Hierher kommen Liebhaber ursprünglicher Dörfer, hüten manche Adresse – zum Kummer der Hoteliers und Gastwirte – wie ein Geheimnis. Sportliche spüren an Berghängen nur Luft unter den Sohlen oder lassen sich von den Schluchten des Verdon verzaubern. Wanderer treffen sich in den Bergen und genießen abendliche Konzerte in alten Dorfkirchen; auf dem Plateau von Valensole summen Tausende Bienen in den Lavendelfeldern.

Aix-en-Provence ▶ S. 116, C 14

Stadtplan ▶ S. 69
139 800 Einwohner

Der **Cours Mirabeau** ist die Prachtstraße unter einem Platanendach, das die Sonne filtert. Vor den Cafés flaniert man auf breiten Trottoirs, als wären sie mit Teppichen ausgelegt. Römisch elegant und zeitlos präsentieren sich die gelben Stadtvillen aus dem 17. und 18. Jh. mit ihren schmiedeeisernen Balkons und prachtvollen Türen, hinter denen Banken und Immobilienfirmen ihren Geschäften nachgehen. Ein C im Pflaster führt zu den Spuren des Malers **Paul Cézanne**, der 1839 in Aix geboren wurde und 1906 hier starb. Irgendwo plätschert ein Brunnen, 101 soll es davon in der Stadt geben, die im Jahr 122 v.Chr. als erste römische Siedlung in Gallien gegründet wurde und in der zu wohnen angesichts der rapide gestiegenen Preise und des knappen Wohnraums für viele ein Traum bleiben wird. In den schmalen Altstadtgassen nördlich des Cours Mirabeau, mit kleinen exklusiven Läden, Restaurants und Cafés, bummeln Studenten und fotografieren Besucher die herrlichen Fassaden.

SEHENSWERTES
Cathédrale Saint-Sauveur
▶ S. 69, b 2

1476 malte Nicolas Froment aus Uzès das berühmte Triptychon des Brennenden Dornbuschs, das an der südlichen Langhauswand der Kirche zu sehen ist: im Dornbusch Maria mit dem Jesuskind, während ein Engel Moses die Menschwerdung Jesu offenbart. Der Seitenflügel zeigt den Auftraggeber König René und seine Frau Jeanne de Laval. Den kleinen Kreuzgang im Südosten zieren gedrehte Säulen an den Eckpfeilern.
Place des Martyrs-de-la-Résistance • tgl. 8–12, 14–18, So 14–18 Uhr

Cours Mirabeau 🔴8 ▶ S. 69, b 3

Der prächtige Brunnen **Fontaine de la Rotonde** (1860) eröffnet an der Place Général-de-Gaulle den 500 m langen Boulevard (1649 angelegt, später nach Graf Mirabeau, 1749–1791 benannt). Seine Figuren symbolisieren die Kunst, Justiz und Landwirtschaft. An der Ecke Rue du 4-Septembre steht, ganz bemoost, der Brunnen **Fontaine d'Eau Thermale**.

MUSEEN
Atelier Paul Cézanne
▶ S. 69, nördl. a 1

Man klettert, hat man die Innenstadt über die Avenue Pasteur verlassen, nach Norden den Berg hinauf. Durch ein schmales Tor kommt man dann in einen kleinen Garten, und mittendrin steht das Haus, das Cézanne sich 1902 als Atelier erbauen ließ. Eine Glaswand nach Norden, eine Staffelei, Hocker und Palette, auf einem rohen Tisch ein Glas, eine Weinflasche, ein Teller mit Obst. Alles wirkt so, als käme der Meister jeden Augenblick wieder. Dazu seine Jagdtasche, ein Rosenkranz, einige Fotografien, sogar zwei Originale – geschenkt von einem Sammler, der es nicht verwunden hat, dass die Stadt fast nichts von Cézanne besaß. Cézanne starb 1906 in der Rue Boulegaon.

9, avenue Paul Cézanne • Juli, Aug. 10–18, April–Juni, Sept. 10–12, 14–18, Okt.–März bis 17 Uhr • Eintritt 5,50 €, erm. 2 €

Fondation Vasarély
▶ S. 69, westl. a 4

Auf dem Hügel Jas de Bouffan im Westen, mit Blick auf die durch Cézanne berühmt gewordene Montagne Sainte-Victoire, liegen fünf avantgardistische Gebäudewürfel, die mit schwarzweißen Kreisen und Kuben spielen und vorwegnehmen, was sich Besuchern im Inneren bietet. Hier hat sich der Op-Art-Meister Victor Vasarély (1908–1997) mit der 1971 entworfenen Fassade ein Denkmal gesetzt. In einer farbenprächtigen Gesamtschau werden 42 monumentale »Wandintegrationen«, 800 Entwürfe und Studien zu Kunst und Stadt gezeigt. Das Haus hat sich auch für zeitgenössische Strömungen geöffnet.

1, avenue Marcel Pagnol, Jas de Bouffan (3 km von der Innenstadt, Bus 4, 6 bzw. Autobahnausfahrt Aix-Ouest) • www.fondationvasarely.fr • Di–So 10–13, 14–18 Uhr • Eintritt 9 €, erm. 6 €

Musée Granet
▶ S. 69, c 4

Italienische, spanische, holländische und französische Malerei im wichtigsten Kunstmuseum der Stadt, 1838 in der Malteser-Komturei auf der Basis der Sammlung des Malers François Marius Granet eingerichtet. Inzwischen auch Werke Cézannes.

18, place Saint-Jean-de-Malte • Juni–Sept. Di–So 10–19, Okt.–Mai 12–18 Uhr, Fei geschl. • Eintritt 4 €, erm. 2 €, 1. So im Monat frei

Musée des Tapisseries ▶ S. 69, b 2

Im ehemaligen Bischofspalast neben der Kathedrale, 1648 von Kardinal Jérôme de Grimaldi begonnen, werden kostbare Barock- und Rokoko-Wandteppiche zur Schau gestellt.

Place des Martyrs de la Résistance • Mitte April–Mitte Sept. Mi–Mo 10–12.30, 13.30–18, sonst bis 17 Uhr • Eintritt 3,30 €

SPAZIERGANG 🚶
Stadtplan ▶ S. 69

Nach dem obligatorischen Bummel über den Cours Mirabeau sollte man

Aix-en-Provence

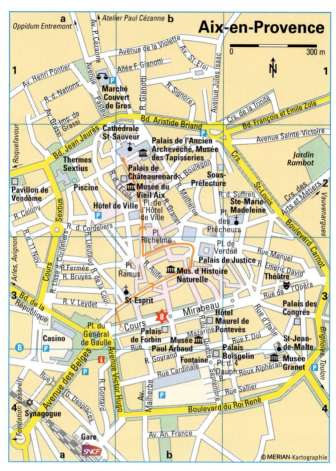

sich gleich vor der Place Général-de-Gaulle in die hübsche Altstadt locken lassen. Die Rue Paul-Doumer führt zur lebhaften **Place des Augustins**.

Man schlendert über die Rue Espariat nach Norden zum Hôtel Boyer d'Eguilles aus dem 18. Jh., wo das **Muséum d'Histoire Naturelle** so merkwürdige Dinge wie etwa fossile Dinosauriereier zeigt. Der westlich gelegene **Palais de Justice** strahlt immer noch jene Macht aus, die sein Vorgängerbau als Parlament des Ancien Régime verkörperte.

Am **Hôtel d'Arbaud** (7, rue Foch) wachen Atlanten über den vormittäglichen Markt auf der Place Richelme. Die Post ist im 1754 erbauten Kornhaus **Ancienne Halle aux Grains** untergebracht. Wie das Rathaus aus dem 17. Jh. – mit schönem Innenhof – gehört es zu den bemerkenswertesten Barockbauten der Stadt. Unter der **Tour d'Horloge**, dem Uhrturm am

Der Kreuzgang der Kathedrale Saint-Sauveur (▶ S. 67) ist ein Schmuckstück der Romanik. An den Eckpfeilern ergänzen gedrehte Säulen die Reihen der zarten Doppelsäulen.

Rathaus, verraten die dicht besetzten Cafés Universitätsnähe (1409 gegründet). Die Fakultätsbauten schließen sich an die Place des Cardeurs und die Place de l'Hôtel-de-Ville an.
In der Rue Gaston-de-Saporta, dem Rathaus schräg gegenüber, gibt das Hôtel d'Estienne de Saint-Jean hinter seinen Säulen dem **Musée du Vieil Aix** mit Exponaten zur Stadtgeschichte Raum. Im Innenhof des ehemaligen erzbischöflichen Palais mit dem **Musée des Tapisseries** versammeln sich jeden Juli die Freunde guter Musik zum Festival d'Aix mit Opern und klassischen Konzerten. Die **Cathédrale Saint-Sauveur**, offensichtlich gotisch und um 1500 nach drei Jahrhunderten fertiggestellt, verwirrt im Inneren durch unterschiedliche Stile und erfreut Architekturfreunde mit einem kleinen romanischen Kreuzgang. Wer will, ruht sich nun in einer Bar aus und bummelt durch die engen Straßen mit dem Blick auf die Schaufenster zurück zum Cours Mirabeau.
Dauer: 1,5 Std.

ÜBERNACHTEN

Le Pigonnet ▶ S. 69, südl. a 4

Im Garten in der Stadt • Ein schmiedeeisernes Tor, plätschernde Brunnen, zirpende Zikaden, und dann ist man in der Bastei aus dem 18. Jh. angekommen. Die Zimmer sind ganz unterschiedlich und sehr liebe- wie geschmackvoll gestaltet. Für frische Gaumenfreuden sorgt das Restaurant **Le Riviera**. Ein Schwimmbad und einen Hamam gibt es auch.
5, avenue du Pigonnet • Tel. 04 42 59 02 09 • www.hotelpigonnet.com • 49 Zimmer • €€€€

Villa Gallici ▶ S. 69, b 1

Wie bei Ludwig XV. • Im hoch gelegenen Norden der Stadt sorgt in dem provenzalischen Haus aus dem 17. Jh. eine gastfreundliche Equipe für

fürstliche Ferien. Das Haus der Kette Relais & Châteaux ist mit Möbeln im Stil von Ludwig XV. und traditionellen schönen Stoffen ausgestattet.
Avenue de la Violette • Tel. 04 42 23 29 23 • www.villagallici.com • 18 Zimmer, 4 Suiten • €€€€

Des Augustins ▸ S. 69, b 3
Im alten Kloster • Aus dem Trubel der Innenstadt kommt man in ein ehemaliges Augustinerkloster (12. Jh.): Gemälde zwischen gotischen Bögen, Natursteinmauern und einige Zimmer mit Blick in den Klostergarten.
3, rue de la Masse • Tel. 04 42 27 28 59 • www.hotel-augustins.com • 29 Zimmer • €€€

Hôtel en Ville ▸ S. 69, b 2
Das erste Designerhotel • Sanfte Farben, gerade Linien, am Rand der Innenstadt und am nördlichen Boulevard gelegen. Vorne kann es laut sein.
2, place Bellegarde • Tel. 04 42 63 34 16 • www.hotelenville.fr • 10 Zimmer • €€€

Les Quatre Dauphins ▸ S. 69, c 4
Klein und fein • Zentral, aber in einer ruhigen Seitenstraße gelegen, dezent provenzalisch eingerichtet.
54, rue Roux-Alphéran • Tel. 04 42 38 16 39 • 13 Zimmer • €€

ESSEN UND TRINKEN

Natürlich kann man in Aix provenzalisch essen und trinken, aber wie überall in einer vitalen Universitätsstadt gibt es auch hier eine Vielzahl ausländischer Gaststätten. So bieten Araber Couscous an, Vietnamesen schnell Gegartes, Indisches wird in fürstlichem Ambiente serviert, Spanier haben ganze Tapas-Mahlzeiten und Crêperien Nahrhaftes für den kleinen Hunger und schmale Geldbeutel. Man kann griechisch essen, amerikanisch, belgisch, persisch …

Le Clos de la Violette ▸ S. 69, b 1
Zwei Sterne im Pfarrgarten • Die beste Adresse, oder zumindest die berühmteste, hat ihren Preis, denn der Küchenchef Jean-Marc Banzo erfreut sich in der Region eines guten Namens. Seine provenzalischen Gerichte sind modern, auch wenn sich die Speisekarte, etwa mit farcierten Lammfüßen, eher konventionell liest.
10, avenue de la Violette • Tel. 04 42 23 30 71 • www.closdelaviolette.com • So und Mo mittags geschl. • €€€€

Les 2 Frères ▸ S. 69, a 4
Im Geiste des Zen • Die Brüder – Olivier und Stéphane Bencherif – pflegen in ihrem Bistro eine puristische provenzalische Küche – das muss sich tatsächlich nicht widersprechen.
4, avenue Reine Astrid • Tel. 04 42 27 90 32 • www.les2freres.com • So und (von Okt.–Juni) Mo geschl. • €€€

Le Passage ▸ S. 69, b 3
Für Entscheidungsfreudige • In einer einstigen Calissons-Fabrik haben sich auf drei Etagen Restaurant, Vinothek, Bar und Teesalon eingerichtet. Man kann Kleinigkeiten zu sich nehmen oder auch ausgiebig dinieren.
10, rue Villars • Tel. 04 42 37 09 00 • www.le-passage.fr • tgl. 10–24 Uhr • €€

EINKAUFEN
Léonard Parli ▸ S. 69, b 3
Calissons, das ist traditionelles Mandelgebäck mit Zuckerguss, wunderbar, wenn es so frisch zubereitet ist wie in diesem schönen Laden.
35, avenue Victor Hugo

Librairie Monblason ▶ S. 69, a 2

Die Buchhandlung ist ganz und gar auf die Provence spezialisiert: Es sind Fotobände, Geschichten, Reiseführer und auch spannende wie schöne alte Bücher im Sortiment.
2, rue Jacques-de-Laroque

Französische Käsespezialitäten auf dem Markt (▶ S. 72) an der Place Richelme.

Les Olivades ▶ S. 69, b 3

Wer sich in provenzalische Stoffe verliebt hat oder sich gerne die Sonne des Südens in Form einer bunten Tischdecke mit nach Hause nehmen möchte, der wird hier sicher fündig werden. Preiswert ist der ganze Spaß allerdings nicht.
15, rue Marius Reinaud

Markt ▶ S. 69, b 2–3

Käse, Wurst, Obst und Gemüse auf dem schönsten und edelsten der Lebensmittelmärkte der Stadt.
Place Richelme • Mo–Sa vormittags

AM ABEND

»Dîners Concerts«, »Dîners Dansants« und »Dîners Spectacles« werden in manchen Restaurants an Wochenenden (freitags und samstags) veranstaltet, bisweilen nur einmal im Monat auch »spectacles«, was musikalische und theatralische Aufführungen sein können. Cafés-Théâtre, meist Kabaretts, verlangen schon ein hohes Sprachniveau, damit man Vergnügen daran hat, ebenso die meisten Off-Theater. Café-Musiques locken allabendlich mit Livemusik. Die großen Diskotheken liegen außerhalb der Stadt bzw. am Stadtrand. Veranstaltungsbroschüren und -kalender gibt es beim Office de Tourisme.

Les Deux Garçons ▶ S. 69, b 3

Seit – ja, seit wann ist das »2 G«, wie Insider sagen, sozusagen »branché«, also »in«? Eigentlich immer schon, und das könnten mittlerweile mehr als 200 Jahre sein, so alt ist das Gebäude. Aber die beiden Garçons, nach denen es benannt ist, kauften es erst im 19. Jh. und boten Gästen wie Paul Cézanne und Émile Zola, Jean Cocteau und François Mauriac eine stilvolle Bleibe in Empire. Eine feine Adresse für den Aperitif oder Café.
53, cours Mirabeau • Tel. 04 42 26 00 51

Les Thermes Sextius ▶ S. 69, a 2

Auf antiken Fundamenten findet man hier Erholung und Entspannung. Mit 36 °C sprudelt das Wasser der Thermen, reich an Magnesium und Kalzium und vielem Weiteren, was Gesundheit verspricht. Auch Zen-Massagen werden angeboten. Für 84 € kann man sich einen ganzen Tag lang in Form bringen lassen.
55, cours Sextius • Tel. 04 42 23 81 82 •
www.thermes-sextius.com

SERVICE

AUSKUNFT

Office de Tourisme ▶ S. 69, a 4
Place du Général-de-Gaulle, 13100
Aix-en-Provence • Tel. 04 42 16 11 61 •
www.aixenprovencetourism.com

Ziele in der Umgebung

◎ Les Milles ▶ 116, C 14

70 Jahre nach der letzten Deportation nach Auschwitz und im Rahmen der Europäischen Kulturhauptstadt Marseille-Provence wurde im September 2012 eine Gedenkstätte am ehemaligen zentralen Lager des Vichy-Regimes eingeweiht. Mehr als 10 000 Menschen aus 38 Nationen waren hier von 1939 bis 1942 in einer ehemaligen Ziegelei interniert, unter ihnen auch Lion Feuchtwanger und Max Ernst. Spuren kultureller Aktivitäten sowie eine bewegende Fotodokumentation sind zu besichtigen.
Site Memorial du Camp de Milles,
40, chemin de la Badesse • www.campdemilles.org • Di–So 10–19 Uhr • Eintritt 9,50 €, erm. 7,50 €
5 km südwestl. von Aix-en-Provence

◎ Montagne Sainte-Victoire
▶ S. 117, E 13

Cézannes unzählige Male gemalter Hausberg mit dem fast 1000 m hoch gelegenen **Croix de Provence** (Aussichtspunkt) mit felsiger Fassade nach Süden zeigt zum Norden hin fast sanfte Abhänge, und Sonnenuntergänge färben den weißen Kalkstein rosa. Von Cabassol (D 10, ca. 12 km) führt ein eineinhalbstündiger Weg zur **Prieuré Sainte-Victoire**. Von Puyloubier (20 km) gibt es eine Zufahrt zum Bergmassiv und einen Wanderweg (4 Std.) zur höchsten Erhebung, **Pic des Mouches** (1011 m).
16 km östl. von Aix-en-Provence

◎ Saint-Maximin-la-Sainte-Baume ▶ S. 117, F 14

5300 Einwohner
Eine riesige gotische Kathedrale beherrscht wie eine Festung die Ebene neben der Autobahn, ca. 30 km östlich von Aix-en-Provence. Der Name des mittelalterlichen Ortes erinnert an die Heiligen Maximinus und Maria Magdalena, die an der Küste der Camargue bei Saintes-Maries-de-la-Mer gestrandet und dann hierher gewandert sein sollen. Die Kirche wirkt ohne Glockenturm und mit sehr hohen Strebepfeilern trotz 73 m Länge und 29 m Höhe gedrungen. Das viele Licht sowie die schlichte Architektur überraschen im Inneren. Die Orgel aus dem 18. Jh. ist eine der berühmtesten ganz Frankreichs.
37 km östl. von Aix-en-Provence

Moustiers-Sainte-Marie
▶ S. 118, B 19

700 Einwohner
Ein wilder Gebirgsbach teilt dieses zauberhafte Städtchen nördlich des Stausees Lac de Sainte-Croix, das Mönche 433 gründeten und dessen Häuser die steilen Hänge emporzukraxeln scheinen. Auf Eselsrücken, so nennt man die gewölbten Brücken, überquert man den Fluss. Eine 227 m lange Kette verbindet die beiden Felsspitzen des Ortes, ein Stern in der Mitte – Dank eines Kreuzritters für die glückliche Heimkehr. Moustiers ist für seine **Fayencen** in sanften Grün-, Gelb- und Blautönen berühmt, die im 17. Jh. die Tische der Adelshöfe schmückten.
Recht steil ist der Serpentinenweg hinauf zur Wallfahrtskapelle aus dem 13. Jh., **Notre-Dame-de-Beauvoir**, aber der schöne Blick über das Plateau von Valensole lohnt die Mühe.

MUSEEN
Musée de la Faïence
Hier ist wunderschönes und kostbares Geschirr aus dem 17. und 18. Jh. zu bestaunen.
Espace Christiane Vivier • April–Okt. Mi–Mo 10–12.30, 14–18, Juli, Aug. tgl. 10–19 Uhr • Eintritt 3 €, erm. 2 €

ÜBERNACHTEN
La Bastide de Moustiers
Paradiesisch • Hinter Oliven und Zypressen verbirgt sich am Fuß des Ortes ein Anwesen aus dem 17. Jh., von Alain Ducasse, dem bekannten Meisterkoch, zum zauberhaften Landsitz – mit Fliesen aus Moustiers – restauriert. Ein Schwimmbad gibt es auch. Das Gourmetrestaurant serviert – je nach Marktangebot – wechselnde leichte Menüs. Unbedingt reservieren!
Chemin de Quinson • Tel. 04 92 70 47 47 • www.bastide-moustiers.com • 12 Zimmer • ♿ • €€€€

Clos des Iris
Haus im Park • 400 m vom Dorf entfernt, wunderbar ruhig im Naturpark du Verdon und 3 km vom Lac de Sainte-Croix gelegen, versteckt sich das Landhaus aus dem 19. Jh. in einem Park voller Bäume und Blumen. Die Zimmer sind hübsch und individuell eingerichtet.
Chemin de Quinson • Tel. 04 92 74 63 46 • www.closdesiris.fr • 9 Zimmer • ♿ • €€€

Le Relais
Schon Picasso war da • Mitten im Ort, einige Zimmer weisen zum Wasser hin, das Tag und Nacht zum Klang der Kirchenglocken rauscht. Restaurant mit traditioneller Küche, so gut, dass Picasso die Tischdecke signierte. Unbedingt reservieren!
Place du Couvert • Tel. 04 92 74 66 10 • www.lerelais-moustiers.com • 18 Zimmer • €€

ESSEN UND TRINKEN
La Treille Muscate
Aus der Schule von Ducasse • Hier werden eine frische provenzalische Küche und guter Wein serviert.
Place de l'Église • Tel. 04 92 74 64 31 • www.restaurant-latreillemuscate.com • Mo und Di geschl. • €€€

SERVICE
AUSKUNFT
Office de Tourisme
Place de l'Église • Tel. 04 92 74 67 84 • www.moustiers.fr

Ziele in der Umgebung
Grand Canyon du Verdon
▶ S. 118, B/C 20 und S. 87

Weit Gereiste sind sich sicher, es gibt in Europa kein fantastischeres Naturwunder als den **Grand Canyon du Verdon**. Auf 21 km zerschneidet der Fluss das Land bis zu 700 m tief, teilt die Alpen von der Provence, zerklüftet Felsen, schafft Steilhänge, fordert Alpinisten und Kanuten heraus, bewahrt Anglern aber stille Plätze und Adlern ungestörte Nistmöglichkeiten. 1905 vom Höhlenforscher Martel erstmals erkundet, vor über 30 Jahren von zwei Staudämmen gezähmt, ist es inzwischen gut 20 Jahre her, dass Touristen diese Attraktion für sich entdeckt haben. Seitdem hat der Touring-Club de France ein Netz von Wanderwegen angelegt. An beiden Kammstraßen im Norden und Süden gibt es – im Sommer jedoch keineswegs ausreichende – Parkplätze mit atemberaubenden Ausblicken. 1997 wurde der 32. regionale Naturpark Frankreichs für ein 200 000 ha

Schwindelerregende Abgründe und grandiose Ausblicke: Bis zu 700 m tief hat sich der Verdon im Grand Canyon (▸ S. 74) in das Kalkgestein hineingefressen.

großes Gebiet mit 45 Gemeinden beschlossen. Hauptort ist **La Palud-sur-Verdon**, wo in der Maison des Gorges du Verdon ein Museum eingerichtet ist, in man alles Wissenswerte über die Region erfährt.
Nordwestl. von Moustiers

SERVICE
AUSKUNFT
Maison des Gorges du Verdon
▸ S. 87, b 2
Château, La Palud-sur-Verdon •
Tel. 04 92 77 32 02 • www.lapalud surverdon.com

◉ Gréoux-les-Bains ▸ S. 115, F 12
1900 Einwohner

Wo die Lavendelfelder des Plateau du Valensole enden, scharen sich alte Häuser um einen Hügel, Platanen beschatten die Straßen, und Passagen führen hinauf zum Schloss, das im Sommer zum Freiluftkino wird. Schon die Römer kamen in dieses heute bescheidene Thermalbad (mit drei Parks und Casino!) mit seinen Hotels, die an vergangene Zeiten erinnern. Kurgäste erhoffen sich eine Linderung ihrer Rheumaleiden.
32 km südwestl. von Moustiers

SERVICE

AUSKUNFT
Office de Tourisme
5, avenue des Maronniers • Tel. 04 92 78 01 08 • www.greoux-les-bains.com

◎ Lac de Sainte-Croix
▶ S. 118, B 20 und S. 87, a/b 2–3

Am Ausgang der Verdon-Schlucht erstreckt sich dieser von Électricité de France geschaffene See: 14 km lang und 2 km breit, bedeckt er seit 1973 das alte Tal des Verdon auf 2200 ha. Türkisblau leuchtet sein Wasser, Badegäste säumen die Ufer oder starten am **Pont-du-Galetas** (via D 957) mit geliehenem Tretboot, Kajak oder Kanu in die Verdon-Schlucht.
10 km südl. von Moustiers

◎ Musée de préhistoire des Gorges du Verdon ▶ S. 118, A 20

Europas größtes Museum für Vorgeschichte, vom renommierten Architekten Sir Norman Foster entworfen, steht im kleinen Dorf **Quinson** südlich Riez. Die Besucher wandern in 19 thematisch ausgestatteten Sälen durch das Abenteuer der Menschheitsgeschichte in Europa. Ein Lehrpfad führt in das nahe gelegene Gebiet mit 60 archäologischen Ausgrabungsstätten und rekonstruierten Siedlungen und zur berühmten Grotte **Baume Bonne**.
Route de Montmeyan, Quinson • www.museeprehistoire.com • Feb.–März, Okt.–15. Dez. Mi–Mo 10–18, April–Juni, Sept. Mi–Mo 10–19, Juli–Aug. tgl. 10–20 Uhr • Eintritt 7 €, erm. 5 €

◎ Plateau de Valensole
▶ S. 118, A/B 18–19

Östlich der Durance wirken die Orte etwas verschlafen. Besucher bestaunen die weiten **Lavendelfelder** [2] um Valensole, am schönsten wohl zwischen Saint-Jurs und Puimoisson. Durch Lavendel und Kiefern führt die D 315 zum künstlichen See **Lac d'Esparron**, dessen türkisfarbenes Wasser zum Baden einlädt.
Nordwestl. von Moustiers

Manosque
20 100 Einwohner ▶ S. 115, E 11

Jean Giono, der Dichter der Provence, würde seine Stadt heute kaum wiedererkennen. Nirgendwo in der Region geht es so turbulent zu, scheint ein Ort so modern. Der Zusatz »Ville du Livre« (Stadt des Buches) wird dem Besucher nicht deutlich, auch wenn Pierre Magnan seinen Kommissar Laviolette in der Gegend ermitteln lässt. In der schmalen Fußgängerzone schieben sich Einheimische und Touristen von Geschäft zu Geschäft, erholen sich im Café am Brunnen, und samstags zum Markt findet man schwer einen Parkplatz.

ÜBERNACHTEN

La Bastide de l'Adrech
Einladung zum Kochen • In einem Landgut aus dem 17. Jh. inmitten von Olivenbäumen am Rand des Regionalparks kann man nicht nur eine ruhige Zeit verbringen. Der Koch bietet in Kursen auch eine Einweisung in die Geheimnisse der provenzalischen Küche an. Die Table d'hôte ist ein kulinarisches Vergnügen, und wer will, kann auch bei Führungen viel über die Ölproduktion erfahren.
Avenue des Serrets (südl. Ortsausfahrt) • Tel. 04 92 71 14 18 • www.bastide-adrech.com • 5 Zimmer • €€

La Fuste
Unter 300-jährigen Platanen • Am Fuße der Hochebene von Valensole

mit den unendlichen Lavendelfeldern und zwischen Obsthainen und Getreidefeldern steht das Gebäude aus dem 17. Jh., das einmal Poststation war. Decken und Lüster im Salon sowie ein hölzerner Kamin sind als Zeugen der Vergangenheit erhalten, und die urgemütlichen Zimmer bieten zeitgenössischen Komfort. Die Mahlzeiten auf der schönen, baumbestandenen Terrasse sind ein optisches wie kulinarisches Vergnügen.
Lieu-dit La Fuste, Valensole (6 km Richtung Oraison am östl. Durance-Ufer) • Tel. 04 92 72 05 95 • www.lafuste.com • 14 Zimmer • €€

SERVICE

AUSKUNFT
Office de Tourisme
16, place du Dr. Joubert • Tel. 04 92 72 16 00 • www.manosque-tourisme.com

Ziel in der Umgebung
◉ **Prieuré de Ganagobie**
▶ S. 115, F 10

Im Benediktinerkloster, 950 gegründet, leben heute noch Mönche. Besichtigen kann man die herrliche Kirche aus dem 12. Jh. Durch das mit Skulpturen gestaltete Portal betritt man das Innere, das eine Rarität birgt: dreifarbige Bodenmosaike im Chor – rot, schwarz und weiß –, Drachen, Zentauren, Geier und Einhörner, im 12. Jh. gestaltet, und eine der ältesten Darstellungen von Gut und Böse.
22 km nordöstl. von Manosque • www.ndganagobie.com • Di–So 15–17 Uhr

Marseille ▶ S. 116, C 15
Stadtplan ▶ Klappe hinten
827 000 Einwohner

MERIAN-Tipp

MONTAGSMARKT, FORCALQUIER ▶ S. 115, E 11

Alle fliegenden Händler der Provence scheinen hier versammelt, wie Krakenarme schieben sich die Marktgassen von der mächtigen romanisch-gotischen Kirche durch die ganze Innenstadt. Schnell begreift man die Ordnung dieses Basars, der mit den Früchten des Landes beginnt. Bunte Farben und Düfte durchziehen den Ort. Da liegen Melonen und Oliven, Tomaten, Auberginen, Käse und Kräuter, dann Stoffe und Kleider – die in Paris im Sommer geschlossenen Boutiquen bieten ihre Ware an! –, Haushaltswaren, Blumen und Bücher. Es gibt einfach alles.
24 km nördl. von Manosque

Selbst im Winter funkelt die Hafenmetropole in goldenem Licht, die älteste Stadt Frankreichs, die Hauptstadt der Provence und doch die ärmste der Regionalresidenzen. Die Stadt der Superlative, zu der auch ihr legendär schlechter Ruf und die größte Einwohnerschaft Nordafrikas auf europäischem Boden gehört, hat in den vergangenen Jahren mit Milliardenaufwand ihr Erscheinungsbild aufpoliert, um sich 2013 mit den Orten der Umgebung – von Arles bis Aix-en-Provence – als europäische Kulturhauptstadt zu präsentieren.
Euromediterranée heißt die Riesenbaustelle am Hafenviertel **La Joliette**, an der so manches Juwel noch in den nächsten Jahren geschliffen werden muss. Der Hauptbahnhof Saint-Charles strahlt längst freundlich und hell, das Altstadtviertel **Le Panier**, in das 4 Mio. Touristen jährlich am Al-

ten Hafen hinaufsteigen, ist seit Jahren gefällig restauriert. Die betagten Docks am Industriehafen sind entkernt und zu modernen Büros umgebaut, Boutique-Restaurants servieren in den schicken Innenhöfen leichte Küche. Zwischen sanierten Fabrikgebäuden und Einkaufszentren schimmern neue Glastürme, ein Silo wurde zum Konzerthaus umfunktioniert. Ein ganz neues Gesicht haben international renommierte Architekten der **Hafenfront** gegeben. Zaha Hadid entwarf ein 147 m hohes Hochhaus für eine Reederei, Stefano Boeri das luftige Centre régional de la Méditerranée (CeReM), Jean Nouvel und Yves Lion haben sich architektonische Denkmäler gesetzt. Mit dem **Musée des Civilisations d'Europe et de la Méditerranée** (MuCem) am Fort Saint-Jean hat Marseille sogar ein Staatsprojekt erhalten.

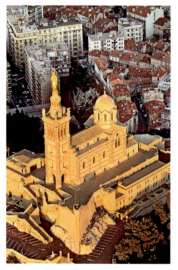

Die Basilika Notre-Dame-de-la-Garde (▶ S. 79) ist das Wahrzeichen Marseilles.

Am Rest der Stadt, die doch eine Ansammlung von 111 Dörfern ist, gingen die Umwälzungen weitgehend vorbei. Die neuen Straßenbahnen flitzen durch die gealterten Straßen, durch das laute, das ruhige, das anheimelnde, das unheimliche Marseille. Das arme Marseille der Großsiedlungen ist weit weg, aber wie überall vertreiben die aufwendigen Verschönerungen die ärmere Bevölkerung aus der Innenstadt. **La Belle de Mai**, nordwestlich des Bahnhofs, ist die neue Kult- wie Kulturadresse, auch die der jungen Kreativen und der Subkultur, auf dem Gelände einer ehemaligen Tabakmanufaktur. Rund um den Cours Julien haben sich die alte und die neue Szene eingerichtet, der ideale Platz für ein Ausgehviertel fernab der Baustellen.

SEHENSWERTES

Calanques 10 ▶ S. 116/117, C/D 16

Die zauberhaften kleinen und kleinsten Meeresbuchten sind von bis zu 400 m hohen Kalksteinklippen umgeben, mit winzigen, teils sandigen Stränden vor smaragdgrünem Wasser. Sie sind seit 2011 als Nationalpark geschützt, und man kommt im Sommer nur mit dem Boot dorthin.
Südl. von Marseille

Château d'If
▶ Familientipps, S. 31

Corniche Kennedy
▶ Klappe hinten, südl. a 6

Das schönste und eleganteste Stück der Stadt mit einer 3 km langen Promenade, nach der Revolution 1848 gebaut, um die Arbeiter zu besänftigen. Darüber sind längst die Villen der reichen Industriellen entstanden, unten joggen die Sportiven vorbei.

Euromediterranée
▶ Klappe hinten, b–e 2/3

An den Joliette-Kais beherbergen die alten Speicher von 1853 nun moderne Lofts und Büros, Einkaufspassagen sind entstanden. Im nördlichen Bereich Arenc wurde ein Getreidesilo zum Konzertgebäude. Kongresszentrum, Büros und Großkino, Park und Hotel nördlich der Docks gehören zum neuen **Euromed Center**, und die Rue de la République, von Gebäuden im Stil Napoleons III. gesäumt, soll sich, im Hausmannschen Stil saniert, zu einer der wichtigsten städtischen Achsen entwickeln.

La Friche de la Belle de Mai
▶ Klappe hinten, f 2

Auf dem Gelände einer Tabakfabrik hat sich aus einer Brache ein Kunst- und Kulturzentrum mit etwa 70 Einrichtungen entwickelt, die sich der zeitgenössischen Kunst, dem Tanz, Theater und der Musik widmet.
41, rue Jobin • www.lafriche.org

Notre-Dame-de-la-Garde
▶ Klappe hinten, b 6

»La Bonne Mère«, golden über 154 m hohem Kalkstein, schützt Gläubige wie Ungläubige. Die Marienfigur auf der Basilika gilt als Marseilles Wahrzeichen. Mosaiken und viel Marmor schmücken die 1853 über einer kleineren Wallfahrtskirche errichtete neobyzantinische Basilika. Man klettert ungefähr eine halbe Stunde zu Fuß hinauf oder man nimmt den Bus (Bus 60 vom Vieux Port).
Juli, Aug. 7–21, sonst bis 19 Uhr

Vallon des Auffes
▶ Klappe hinten, westl. a 4

Über die Uferstraße nach Süden (Corniche Président Kennedy) gelangt man schnell zur idyllischen und dörflich anmutenden Fischerbucht mit ihren berühmten, sehr guten (und teuren) Fischrestaurants – wie **L'Épuisettes** und **Chez Fonfon** – und weiter zu den Calanques.
Bus 83

MUSEEN

Es gibt insgesamt 22 Museen und damit mehr als in jeder anderen französischen Stadt außer Paris; zudem sind die Eintrittspreise günstig. Mit dem **City Pass**, erhältlich beim Office du Tourisme (▶ S. 83), kann man 14 Museen besuchen, zum Château d'If fahren, Busse benutzen etc. (1 Tag 22 €, 2 Tage 29 €).

Centre de la Vieille Charité ♥♥
▶ Klappe hinten, c 2

Das einstige Armenhospiz, mitten im quirligen Viertel Le Panier, das nach wie vor Auswanderer von überall her auffängt, umschließt drei Museen: für Mittelmeerarchäologie, für Ägyptologie und für Afrikanische, Ozeanische und Indianische Kunst. Allein die nahezu 1000 Exponate aus Griechenland, dem Nahen Osten, Rom und Etrurien decken fast die gesamte antike Zivilisation des Mittelmeerraumes ab.
2, rue de la Charité • www.vieille-charite-marseille.org • Juni–Sept. Di–So 11–18, Okt.–Mai 10–17 Uhr • Eintritt 3 €, erm. 2 €

Musée d'Art contemporain
▶ Klappe hinten, südöstl. d 6

Auf 4000 qm zeitgenössische Kunst, von neuen Realisten wie Tinguely über Rauschenberg bis zur Arte povera, außerdem Filme und Videos.
69, avenue d'Haïfa • Bus 23 und 45 ab Métro Rond-point du Prado (bis »Ma-

rie-Louise« bzw. »Hamburg-Haifa«) • Juni–Sept. Di–So 11–18, Okt.–Mai 10–17 Uhr • Eintritt 3 €, erm. 2 €

Musée Cantini ▶ Klappe hinten, d 5

Hier ist moderne und zeitgenössische Kunst zu sehen: Fauves, Surrealisten, Kubisten, dazu Fayencen aus Marseille und Moustiers.
19, rue Grignan • Métro: Estrangin-Préfecture • Juli–Aug. Di–So 11–18, Sept.–Juni 10–17 Uhr • Eintritt 3 €

Musée des Docks Romains
▶ Klappe hinten, c 3

Vor dem Wiederaufbau des Viertels am Alten Hafen, das die deutsche Wehrmacht im Krieg zerstört hatte, konnten Zeugnisse der alten römischen Hafenstadt geborgen werden: große irdene Krüge für Öl und Wein, außerdem Schiffsteile und Mosaiken.
Place Vivaux • Métro: Vieux Port • Juni–Sept. Di–So 11–18, sonst 10–17 Uhr • Eintritt 2 €, erm. 2 €

Musée National des Civilisations de l'Europe et de la Méditerranée (MuCEM) ▶ Klappe hinten, b 3

Das neue Nationalmuseum will alle Facetten des mediterranen Traumes vom 18. bis zum 21. Jh. zeigen, nicht nur in Ausstellungen, sondern auch in Debatten, Filmen, Veranstaltungen – es will Kulturstadt innerhalb der zweitgrößten Stadt Frankreichs sein und zu imaginären Reisen einladen.
201, quai du Port • www.mucem.org • Mi–Mo 10–18 Uhr

SPAZIERGANG

Stadtplan ▶ Klappe hinten
Vom **Vieux Port** kommt man auf der linken Hafenseite, dem Quai de Rive-Neuve, schnell zu einem beliebten Viertel für Tag- und Nachtschwärmer, in die Fußgängerzone um das Carré Thiars mit italienischem Flair und zum Cours d'Estienne-d'Orves, in den Achtzigerjahren über einem Parkhaus entstanden. **Les Arcenaulx** heißen die Gewölbe des früheren Arsenals der Galeeren heute, in denen Verlag, Buchhandlung, Teesalon und Restaurant untergebracht sind.
An der Oper vorbei, einem Art-déco-Bau der frühen Zwanzigerjahre, erreicht man die **Canebière** aus der Zeit von Ludwig XIV., deren Berühmtheit noch aus einer Epoche stammt, als die Hauptachse zum innerstädtischen Hafen den Aufbruch in die große weite Welt signalisierte.
Wer das **Belsunce-Viertel** um den gleichnamigen Boulevard bei einem früheren Besuch als Bauch von Marseille in Erinnerung hat, in dem sich alle Farben Afrikas auf Gemüse- und Stofftischen türmten und die Düfte der Souks von Marrakesch den Besucher umwehten, wird enttäuscht sein. Die Häuser sind saniert, die Music Hall Alcazar, in der alle Musikstars Frankreichs auftraten, ist abgerissen, und eine moderne Bibliothek verbirgt sich hinter vertrauter Fassade. Frauen in bunten Boubous huschen hier und da vorbei, und der Duft von Wasserpfeifen dringt aus den Männer-Cafés auf die Straße.
Zur Aperitifzeit und danach ist **La Plaine** angesagt, das Viertel, das sich von der Place Jean-Jaurès südöstlich der Canebière bis zum Cours Lieutaud erstreckt und rund um den Cours Julien allabendliches Ziel von Musik- und Theaterfreunden ist.
Stadtspaziergänger wenden sich wieder dem Vieux Port zu, sehen im **Jardin des Vestiges** Reste des römischen Hafens und Bollwerke, die bei Ausgrabungen in der nahen Rue Barbusse

Zu den spektakulären Neubauten zum Kulturhauptstadtjahr 2013 gehört auch das MuCEM (▶ S. 80), ein neues Museum am Eingang zum Alten Hafen von Marseille.

zutage traten, und folgen dem Quai du Port bis zum barocken Rathaus. Im ältesten Viertel, im »korsischen Dorf« **Panier**, das früher eine Fischersiedlung war, muss man unzählige Stufen hinaufsteigen zur **Vieille Charité**. In den Sommermonaten finden hier Freiluftkonzerte statt.
Wer auf die **Place de la Joliette** hinabblickt, wo aus den alten Docks ein neues Nobelviertel gewachsen ist, fühlt sich an die Speicherstädte in London und Hamburg erinnert. Auf der anderen Seite des Vieux Port sieht man auf dem Berg die Basilika **Notre-Dame-de-la-Garde**, wo die goldene Mutter Gottes gleichsam über der Stadt schwebt. Zwei Forts, das Fort Saint-Jean und das Fort Saint-Nicolas, scheinen nach wie vor die Hafeneinfahrt zu schützen, und ganz nah vor der Stadt liegen die Inseln, eine mit dem Château d'If, dem im 16. Jh. errichteten Staatsgefängnis.
Dauer: 3 Std.

ÜBERNACHTEN
Sofitel Palm Beach Marseille
▶ Klappe hinten, südl. a 4

Ein Haus am Meer • An der berühmten Corniche Kennedy und damit auch in der Nähe exzellenter Restaurants befindet sich das Luxushotel, das namhafte Designer ausgestattet haben – passend zur Lage in einem schlichten Marinestil.
200, Corniche Kennedy • Tel. 04 91 16 19 00 • www.sofitel-palmbeach-marseille.com • 150 Zimmer und 10 Suiten • €€€€

Mercure Beauvau
▶ Klappe hinten, c 4

Wahrhaftiges Grandhotel • Im Zentrum steht das älteste Luxushotel Marseilles, in dem schon Frédéric Chopin und George Sand nächtigten. Es wurde 1816 gebaut, und 240 Möbelstücke aus der Gründungszeit lassen sich heute noch, ergänzt durch modernen Komfort, bewundern.

4, rue Beauvau • Tel. 04 91 54 91 00 • www.mercure.com • 73 Zimmer • ♿ • €€€

Au vieux Panier
▶ Klappe hinten, c 3

So alt wie neu • Das Haus im historischen Panierviertel stammt aus dem 18. Jh., jetzt wurde es zum urbanen Gästehaus mit sechs Zimmern, jedes von einem anderen Künstler gestaltet. Ein bisschen elegant, ein bisschen zeitlos. In der Bibliothek gibt es Zeitungen und Informationen, von der Dachterrasse hat man den Überblick über diese alte moderne Stadt.
12, rue du Panier • Tel. 04 91 91 23 72 • www.auvieuxpanier.com • 6 Zimmer • €€

ESSEN UND TRINKEN
Chez Fonfon
▶ Klappe hinten, westl. a 5

Einzigartig und berühmt • Was für ein herrlicher Blick: Aus dem kleinen Hafen Vallon des Auffes fahren die Fischer, um all das zu holen, was so köstlich zubereitet auf den Tischen duftet. Auch Fonfon ist so eine Legende, aber es ist gar nicht mehr M. Fonfon selbst, der hier Fische z. B. in einer Tonkruste garen ließ.
140, Vallon-des-Auffes • Tel. 04 91 52 14 38 • So, Mo geschl. • www.chezfonfon.com • €€€€

Une Table au Sud
▶ Klappe hinten, c 4

Eine der besten Adressen • Lionel Lévy, mit einem Michelin-Stern ausgestattet und einer der besten Köche der Stadt, wechselt jeden Monat die Karte. Eine der schönsten Aussichten für ein langes Abendessen: der Alte Hafen mit seinen Lichtern – das alles hat natürlich seinen Preis.
2, quai du Port, 1. Etage • Tel. 04 91 90 63 53 • www.unetableausud.com • So geschl. • €€€€

La Cantinetta
▶ Klappe hinten, d 4

Trend-Italiener • Schnell hat sich die hohe Qualität einer abwechslungsreichen Küche herumgesprochen, ohne Reservierung wird man abends keinen freien Tisch finden. Aber auch Mittagsgästen gefällt diese zentrale In-Kantine mit schönem Patio.
24, cours Julien • Tel. 04 91 48 10 48 • So, Mo geschl. • €€/€€€

Chez Etienne
▶ Klappe hinten, c 3

Voller Stammgäste • Es ist immer voll, im Panier-Viertel treffen sich Leute, die sich kennen. Die Preise sind angemessen, aber das sagt noch nichts über die angebotene Qualität. Die Gäste schwärmen von der Pizza, die hier als Vorspeise gilt.
43, rue de Lorette • Tel. 04 91 54 76 33 • €€

Chez Toinou
▶ Klappe hinten, d 4

Marseiller Institution • 40 Tische und ausschließlich Meeresfrüchte. Kein Problem, wenn einer wie Toinou alle Rekorde beim Austernöffnen brach: Er schaffte 100 (!) Stück in weniger als fünf Minuten.
5, cours Saint-Louis • Tel. 04 91 33 14 94 • www.toinou.com • €€

La Menthe Sauvage
▶ Klappe hinten, d 4

Afrikanisch • In einer Fußgängerzone nahe der Canebière serviert das kleine Restaurant kreative Spezialitäten aus Nordafrika, zubereitet aus marktfrischen Produkten.
3, rue Guy Mocquet • Tel. 04 91 58 48 82 • So geschl. • €/€€

EINKAUFEN

An die Rue de Paradis und Rue de Rome grenzt eine Fülle von kleinen Straßen mit schicken Läden. Boutiquen reihen sich aneinander in der Rue de la Tour zwischen Oper und Place Charles-de-Gaulle sowie am Cours Julien.

Le Magasin Alternatif
▸ Klappe hinten, f 4

Zwischen Boutique und Galerie mutet der Ort an, versammelt die Arbeit junger Kreativer und ist zum Entdeckerraum für alle geworden, die sich für Entwicklungen in Kunst, Kunsthandwerk und Mode interessieren.
128, boulevard de la Libération • www.magasin-alternatif.fr

Santons Marcel Carbonel ¥¥
▸ Klappe hinten, b 4

Wie in der Provence üblich, sind alle Familienmitglieder in der Santon-Produktion tätig, der kleinen Figuren, die zum provenzalischen Krippenspiel gehören. Man kann Bauern und Narren, Schäfer und Könige in Ateliers besichtigen und natürlich auch käuflich erwerben.
47, rue Neuve-Sainte-Catherine • Mo und Do 9–13, 14–17.15 Uhr

La Compagnie de Provence
▸ grüner reisen, S. 20

AM ABEND

Wie in allen Großstädten gibt es auch in Marseille Reviere für Nachtschwärmer. Beliebt, wenn auch nicht in unserem Sinne ein Szeneviertel ist das **Quartier Plaine** mit Cours Julien und Place Jean-Jaurès, Rue Poggioli und Rue des Trois-Mages. Hier spielt ab 22 Uhr in den Kneipen die Musik, ob Blues, Rock oder Techno. Promenade de la Plage und Escale Borély lassen dagegen Cocktailbars, Karaoke und brasilianische Klänge sowie Marseilles Jeunesse dorée erwarten. Jenseits des Quai Rive-Neuve ebenso wie am Vieux Port treffen sich Jung und Alt und Besucher aus aller Welt.

SERVICE

AUSKUNFT
Office du Tourisme et de Congrès
▸ Klappe hinten, c 4

11, la Canebière, 13001 Marseille • Tel. 0 48 26 50 05 00 (0,15 €/Min.) • www.marseille-tourisme.com

VERKEHR
Flughafen ▸ S. 116, B 14
Marignane (25 km westl.) • Tel. 04 42 14 14 14 • Flughafenbusse ab Bahnhof 5.30–21.50 Uhr, alle 20 Min.

>
>
> ### MERIAN-Tipp
>
> **BADEFREUDEN IN MARSEILLE**
> ▸ S. 116, C 15
>
> **Plage Sainte-Estève** heißt der originellste Badestrand in Marseille, denn er liegt auf der Insel Frioul und ist nur per Schiff vom Vieux Port (Quai de Belges, 6.45–23.30 Uhr) erreichbar. Der berühmteste Strand nennt sich **Le Prophète**, besteht aus Sand und Felsen und ist Tag und Nacht gut besucht (Bus 83 bis Prophète). Einer der wenigen Strände mit feinem Sand und ideal für Kinder, weil das Meer hier sehr flach beginnt, ist die **Plage de la Pointe Rouge** (Bus 19 bis Pointe Rouge). Es gibt kostenlose Parkplätze in der Nähe, das Areal ist von Juni bis August überwacht, hat WC, Duschen und Restaurants.

Eine Karstlandschaft geprägt vom Ocker: Die Steinbrüche des Colorado de Rustrel (▶ S. 51) wurden schon in der Römerzeit genutzt und belieferten einst ganz Europa.

Touren und Ausflüge

Zu viel zu tun, zu viel zu sehen – jede Tour ist bereits ein Vorgeschmack auf die nächste Provencereise mit noch mehr Zeit zum Wandern, Radfahren, Schwimmen …

Den Grand Canyon du Verdon 9 entlang – Immer wieder am Abgrund

CHARAKTERISTIK: Gemächliche Strecke mit dem Auto, die viele überraschende Ausblicke bietet **DAUER:** Tagesausflug **LÄNGE:** ca. 100 km **EINKEHRTIPP:** Le Relais, Moustiers-Sainte-Marie, Place du Couvert, Tel. 04 92 74 66 10, www.lerelais-moustiers.com, 18 Zimmer € (▶ S. 74) **AUSKUNFT:** Office de Tourisme Aiguines, Allée des Tilleuls, Tel. 04 94 70 21 64, www.parcduverdon.fr
KARTE ▶ S. 87, b 2 – b 1

Während der Sommermonate, wenn der Lavendel blüht und alle Welt Ferien macht, ist es nicht gerade leicht, die Verdon-Schluchten angenehm zu entdecken. Zu viele Menschen sind dann den ganzen Tag über hier unterwegs, und an den schönsten Aussichtspunkten – auf 21 km Länge und bis zu 700 m in die Tiefe – ist schnell kein Platz mehr.

Aiguines ▶ Balcon de la Mescla

Die Südroute beginnt im 1000-jährigen **Aiguines** in 800 m Höhe über dem **Lac de Sainte-Croix** und damit am Eingang der Schlucht (man kann Boote mieten und in die Schlucht fahren). Die D 71, Corniche Sublime, führt nach wenigen Kilometern zum **Col d'Illoire** (964 m) und damit dem ersten und bereits fantastischen Blick in den Canyon. Ein Stück weiter, am **Cirque de Vaumale**, mit 1200 m der höchste Punkt der Strecke, eröffnet sich dann ein einmaliges Panorama. Hinter der Falaise des Cavaliers, wo das Licht auf den Wänden spielt, blickt man aus dem zweiten Fenster der Tunnels du Fayet auf die Kajakfahrer unten im Wasser. Von der Artuby-Brücke, die das Tal überspannt, sieht man in die Artuby-Schlucht.

Trigance ▶ Moustiers-Sainte-Marie

Am **Balcon de la Mescla** ändert der Verdon, nachdem der Artuby malerisch einmündet, seinen Lauf Richtung Norden. Die schmale D 90 biegt links nach **Trigance** ab, einem Dörfchen mit einer mächtigen Burg aus dem 12. Jh. Die D 955 führt links nach Pont-de-Soleils. Hier kann man den Verdon überqueren und auf der Nordroute über die D 952 zum **Point Sublime** fahren, der keineswegs zu Unrecht so heißt, sondern tatsächlich einen überragenden Ausblick bietet. Das Dörfchen **Rougon** jenseits der Straße liegt gänzlich außerhalb der Touristenwelt. Kurz vor La Palud-sur-Verdon zweigt links die D 23 ab, auf der drei unterschiedliche Blickwinkel kurz hintereinander den ganzen Canyon-Verlauf erschließen. Man sieht zuerst drei Täler zusammentreffen, dann einen Wanderweg unten und schließlich den ganzen Canyon.

La Palud-sur-Verdon ist Etappenort für Wanderer und Übernachtungsmöglichkeit für alle, die früh allein in der Schlucht sein wollen. Von hier aus fahren vom 1. Juli bis 15. September Busse montags, mittwochs und samstags um 13 Uhr nach Moustiers-Sainte-Marie, Aix-en-Provence und Marseille. Die D 952 führt, natürlich an zahlreichen herrlichen Aussichtspunkten vorbei, in das schöne Fayence-Städtchen **Moustiers-Sainte-Marie**. Auf der D 957 gelangt man zum Lac de Sainte-Croix und über die D 19 zurück nach Aiguines.

Touren und Ausflüge 87

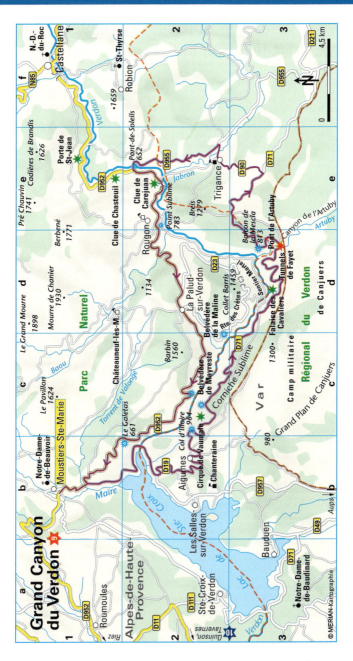

Vom Plateau de Vaucluse zum Luberon ❸ – Malerische Dörfer und schroffe Klippen

CHARAKTERISTIK: Sehr abwechslungsreiche Tour mit dem Auto. Wer in einem der Orte wohnt, kann die Tour auch teilen und an einem Tag nach Westen, am andern nach Osten fahren LÄNGE: ca. 150 km EINKEHRTIPP: La Flambée, Bonnieux, Place du 4 Septembre, Tel. 04 90 75 82 20, Nebensaison Mo geschl. €€ (▶ S. 51) AUSKUNFT: Office de Tourisme Apt (▶ S. 47) KARTE ▶ S. 114, C 11

Im 16. Jh. verlassen, nun wieder belebt: Oppède-le-Vieux (▶ MERIAN-Tipp, S. 53).

Kein Zimmer frei und kein Platz am Tisch, Pariser Zweitwohnungsbesitzer, Engländer, Deutsche und Holländer, Belgier und Schweizer auf Schritt und Tritt? Bis Juni und dann wieder ab September (Ostern und Pfingsten ausgenommen) kann man jedoch ohne größere Probleme das Land entdecken, Zimmer finden, wandern, Rad fahren und durchaus in einem schönen Dorf spontan beschließen, ein paar Tage zu bleiben. So kann jeder Ort dieser Rundtour auch ihr Ausgangspunkt sein.

Apt ▶ Oppède-le-Vieux

In **Apt**, am Rande des Gebirgszuges, mutet der Verkehr noch großstädtisch an. Die Ost-West-Rennstrecke N 100 lässt sich leicht umgehen. Man folgt der D 48 nach **Saignon** und hat allen Rummel schon hinter sich gelassen, bevor man den Ort an der Felswand erreicht und auf Apt und das Tal hinunterschaut. Über eine schöne Kammstraße gelangt man weiter in entlegene kleine Orte wie **Auribeau** und **Castellet**.

Die D 232 führt nun nach Bonnieux, zuvor aber kommt man über die D 113 links nach **Buoux**, ein gut zehnminütiger Fußweg geleitet zum Fort (kein Gepäck im Auto lassen!). Hier ist es schon belebter: An steilen Felsen kleben Alpinisten, und Freeclimber bewegen sich wie Spinnen an der Wand. Kirchtürme auf verschiedenen Ebenen verblüffen in **Bonnieux** – wo ist eigentlich der Ort? Er ist klein und scheint doch überall zu sein, ohne Klettern ist er nicht zu erkunden. Man kann im Schatten unter Platanen den Ausblick genießen oder über ausgetretene Stufen zur alten Kirche hochsteigen. Auf 40 ha Land, das Pierre Cardin gekauft hat, um einen Golfplatz anlegen zu lassen, soll nun ein Mini-Hollywood entstehen.

Danach führt die D 109 nach **Lacoste**, an der mittleren Kirche vorbei. Den Berg krönt das Schloss, einst der De Sades, heute Pierre Cardins. Mit dem Kauf Dutzender Häuser hat der ehemalige Modeschöpfer die Rue Basse zur Rue Cardin gemacht, Kulturfestivals veranstaltet und das Dorf entzweit. 6 km weiter liegt **Ménerbes**. Durch die Ebene geht es weiter über die D 188 nach **Oppède-le-Vieux**, das fast verlassen links auf dem Berg thront. Nur ein kleines Café macht glauben, dass hier Menschen wohnen und in Künstlerateliers arbeiten.

Cavaillon ▶ Gordes

Über Maubec und Robion erreicht man dann **Cavaillon**, das Melonenstädtchen im riesigen Obst- und Gemüsegarten zwischen Durance und Coulon. Es lohnt sich, zur Kapelle Saint-Jacques hinaufzugehen. Alpen, Luberon und Mont Ventoux scheinen wie zum Greifen nah. Man speist außerdem hervorragend in Cavaillon.

10 km liegen zwischen Cavaillon und **L'Isle-sur-la-Sorgue**, wo der Fluss einst 70 große Wasserräder in Bewegung hielt. Den Wallfahrtsort der Antiquitätenhändler verlässt man in Richtung Carpentras und biegt bald auf die D 25 nach **Fontaine-de-Vaucluse** ab. Wie ein grünes Band leuchtet die Sorgue in der Sonne, plätschert selbst in den Sommermonaten kühl aus der unterirdischen Karsthöhle und treibt das riesige Wasserrad der alten Papiermühle an.

Galerie **Vallis clausa** (Vaucluse oder verschlossenes Tal) heißt die Touristenfalle mit ihren unzähligen Läden und einem gekühlten Santon-Museum, die neben der heißen Straße zur Quelle führt, zu der alle streben. Nichts zu sehen: nur Steine. Aber das Wasser sprudelt, selbst im heißesten Sommer. Über die D 100 und D 2 ist man mit dem Auto schnell in **Gordes**, das wunderschön auf einem Steilhang des Plateau de Vaucluse hängt. Ein Bilderbuchort, den zumindest von Fotos viele kennen, auch wenn sie noch nie in der Provence waren. Im Sommer ist gut beraten, wer den – kostenpflichtigen – Parkplatz an der letzten Kurve nutzt.

Roussillon ▶ Apt

Schon von Weitem leuchtet das Ockerdorf **Roussillon** 5 dem Besucher entgegen. Eigentlich nicht das Dorf, denn es hebt sich kaum von der Umgebung in unterschiedlichsten Rot-, Rost-, Rosa-, Gelb- und Orangetönen ab, die man am besten und in überwältigender Leuchtkraft auf dem Lehrpfad hinter dem Friedhof bestaunen kann. Bis auf den geringen Eintrittspreis, die mit buntem Sand gefüllten Fläschchen und die farbenfrohen Postkarten haben die Ockerbrüche, von der Antike bis 1975 ein wichtiger Wirtschaftszweig, ihre Bedeutung inzwischen verloren. Über Saint-Saturnin-lès-Apt, ein schönes typisches Luberon-Dorf ohne besondere Highlights – wenn man von den endlosen Lavendelfeldern absieht, die sich nach Norden zum Plateau de Vaucluse erstrecken –, erreicht man (D 943, D 179, D 34) **Rustrel**. Die Farbenpracht des Colorado de Rustrel ist am schönsten von der D 30 zu erkunden. Wie in Roussillon leuchten die Rottöne der stillgelegten Ockerbrüche. Mit festen und unempfindlichen Schuhen lässt sich der Mini-Colorado gut erwandern. Knapp zwei Stunden braucht man für den Rundweg vom Parkplatz, 1 km östlich des Ortes. Durch den Ort Rustrel und über die D 22 gelangt man zurück nach Apt.

Zum Gipfel des Mont Ventoux – Langsame Eroberung eines Bergriesen

CHARAKTERISTIK: Eine kurvige Strecke, die je nach Wetterlage mit herrlichen Blicken belohnt oder in Nebel gehüllt ist **DAUER:** 1/2 Tag **LÄNGE:** 55 km **EINKEHRTIPP:** Le Chalet Liotard, Mont Serein, Tel. 04 90 60 68 38, www.chaletliotard.fr €

AUSKUNFT: Office de Tourisme Malaucène, Place de la Mairie, Tel. 04 90 65 22 59
KARTE ▶ S. 114, A 9

Wer die Eroberung des Bergriesen in Malaucène beginnt, folgt den Kurven und Steigungen (bis 10 %) etwa 20 km weit, bis der Gipfel in 1909 m Höhe erreicht ist. Da nichts den Mistral am Gipfel aufhält – 250 km/h wurden schon gemessen –, kann die Temperatur oben etwa 10–11 °C unter der am Fuß des Berges liegen.

Malaucène ▶ Chalet Reynard

Während des Aufstiegs ändert sich die Landschaft. Aus Wein- und Olivenhainen tritt man bald in Nadelwald ein. Kiefern begleiten das erste Stück des Weges an der D 974. Nach 10 km lohnt ein Halt beim **Belvédère**: Vaucluse und Drôme liegen ganz nah. Anschließend wird es alpin, auf 1400 m kommt man nach **Mont Serein** mit Berghütte und Skipisten, im Winter sehr belebt, im Sommer Ausgangspunkt für Wanderungen. Noch zwei große Serpentinen, dann die Überraschung: Kurz vor dem Gipfel erstreckt sich nur noch ein blendendes Geröllfeld. Jetzt versteht man, warum der Gipfel immer weiß ist. Darüber eine wenig attraktive Radarstation. Eine Orientierungstafel verrät, was wo zu finden ist: hinten der Mont Blanc, 200 km weit, das Mittelmeer, 100 km nah. Und bei klarem Wetter erkennt man sogar den Pyrenäengipfel Canigou. Zurück ins Tal geht es über den Südhang, aber erst durchquert man das Geröllfeld auf einer Straße, die 1885 mit dem Observatorium angelegt wurde, zu dem sie führt. Vom Gipfel bis Bédoin überwindet sie auf 22 km ein Gefälle von 1600 km. Aufmerksame entdecken, vor allem zur Blütezeit im Juli, Hochgebirgsflora, Moose, Flechten und die kleine Gelbe Mohnblume. Über die Skistation **Chalet-Reynard** führt die Straße nach Saint-Estève, der Blick nach links fällt auf die Vaucluse-Hochebene.

Über Chalet Reynard geht es auch wieder abwärts. Hier und dort ist der Berg, früher ein Hauptholzlieferant für die Werften von Toulon, wieder aufgeforstet worden. Kastanien und Buchen begleiten den Weg. Die Wälder von Bédoin, von 350 m Höhe bis zum Berggipfel, wurden teilweise zum geschützten Biosphärenreservat erklärt. Auf einem Bergvorsprung erblickt man Crillon-la-Brave, wenn man den kurzen Umweg über die D 138 nicht scheut. Dann wächst jedoch bereits wieder Wein an den Hängen, und unser Ausgangspunkt Malaucène ist auch nicht mehr weit.

WUSSTEN SIE, DASS ...

... der Mont Ventoux auch im Sommer wie mit Schnee bedeckt aussieht, weil der blanke Kalkstein in der Sonne weiß leuchtet?

Durch die Camargue – Zu Pferden, Stieren und Flamingos

CHARAKTERISTIK: Ein faszinierender Naturpark am Wasser, die tellerflache Ebene gewährt eine weite Sicht DAUER: Tagesausflug LÄNGE: ca. 70 km EINKEHRTIPP: keiner, daher Getränke und Proviant unbedingt mitnehmen! AUSKUNFT: Office de Tourisme Saintes-Maries-de-la-Mer (▶ S. 64) KARTE ▶ S. 112, C 7

Eine Fahrradtour de France muss nicht zwangsläufig in die Berge führen. Kein Kraftakt ist ein Ausflug durch das Rhône-Delta, wenn man weiß, wie man sich der Mücken erwehrt. Vor Beginn der Saison haben Radfahrer die kleinen Straßen für sich, zudem noch eine ganze Fülle anderer Wege, die Autofahrer nicht benutzen dürfen und wo man auch Fußgänger nur selten trifft.

Stes-Maries-de-la-Mer ▶ Etang du Fangassier

Die Fahrt beginnt in **Saintes-Maries-de-la-Mer** und führt gleich nach Norden, über die D 85A durch Reisfelder am **Étang d'Impérial** vorbei. Vor dem Mas de Cacharel hat man links einen autofreien Weg erreicht, der ganz nah an das Ufer des **Étang de Vaccarès** heranreicht. Die Domaine de Méjanes ist der turbulenteste Platz im Norden des Reservats: Ausritte, Souvenirs und Verköstigung werden angeboten.

Über die D 37 kommt man wieder zum Ufer und biegt bei Le Paradis bei der ersten Möglichkeit rechts ab. Eine Straße führt zum Étang du Fangassier, den ein Deich vom Étang de Galabert trennt. Hier hält man an: Im seichten Wasser staksen nämlich Hunderte von Flamingos herum und fischen offensichtlich erfolgreich im Trüben. Gelegentlich erhebt sich eine rosa Wolke und lässt sich bald wieder

Die Cowboys der Camargue (▶ S. 63) fangen ihre Rinder mit einem Holzstab ein.

nieder, nichts von der angeblichen Scheu der Vögel ist zu spüren.

La Capellière ▶ Stes-Maries-de-la-Mer

La Capellière ist ein Informationszentrum des Naturschutzgebiets, es ist dort eine ständige Ausstellung zu sehen, es gibt Beobachtungsstationen und geführte Spaziergänge. Nach rechts geht es weiter zum **Phare de la Gacholle**, und nach 15 km über den Deich ist Saintes-Maries-de-la-Mer wieder erreicht.

Der Weinanbau am Fuß der Felsnadeln der Dentelles de Montmirail (▶ MERIAN-Tipp, S. 45) hat Orte wie Séguret, Sablet, Gigondas oder Vacqueyras berühmt gemacht.

Wissenswertes
über die Provence

Nützliche Informationen für einen gelungenen Aufenthalt: Fakten über Land, Leute und Geschichte sowie Reisepraktisches von A bis Z.

Auf einen Blick

Mehr erfahren über die Provence – Informationen über Land und Leute, von Bevölkerung über Politik und Sprache bis Wirtschaft.

AMTSSPRACHE: Französisch
EINWOHNER: 4,8 Mio.
FLÄCHE: 31 400 qkm (Region Provence-Alpes-Côte d'Azur)
GRÖSSTE STADT: Marseille
HÖCHSTER BERG: Mont Ventoux (1909 m)
INTERNET: www.rendezvousenfrance.com
RELIGION: überwiegend katholisch
WÄHRUNG: Euro

Bevölkerung

Die Region Provence-Alpes-Côte d'Azur ist ein Schmelztiegel vieler Nationen, die nicht nur Städte und Landschaften, sondern auch ihre Menschen prägen. Das als Patrimoine gepflegte Kulturerbe wird geschätzt und staatlich unterstützt. Die Bevölkerungsdichte (144 Einw./qkm) täuscht, fast 90 % der Bewohner und damit mehr als im Landesdurchschnitt leben in Städten, während Hochprovence und Alpen nur dünn besiedelt sind.

Landschaft

Die Provence, ein Gebiet mit einem Überfluss an Naturschönheiten, wird im Süden vom Mittelmeer, im Westen von der Rhône, im Osten von Italien und im Norden von der Schweiz begrenzt und gliedert sich in drei großräumliche Landschaften: das untere Rhône-Tal, die Küste und das gebirgige Hinterland. Die Rhône, Frankreichs zweitlängster und was-

◀ Täglich findet am Vieux Port (▶ S. 80) von Marseille ein Fischmarkt statt.

serreichster Strom, fließt südlich von Lyon in den Rhône-Graben zwischen den Ausläufern der französischen Alpen und des Zentralmassivs im Süden. Eine breite Terrassenlandschaft wird für Obst-, Gemüse- und Weinanbau genützt. Südlich von Avignon durchschneidet der Fluss seine hügeligen Aufschüttungen und erreicht bei Arles sein Mündungsdelta, das die reizvolle Camargue schafft. Die Côte des Calanques östlich von Marseille, eine ganz eigene Küstengestalt, wird von verkarsteten Kalkmassiven mit tiefen Einschnitten geprägt. Steil stürzen die provenzalischen Gebirgsketten um Aix-en-Provence ab (Montagne Sainte-Victoire), aus jura- und kreidezeitlichem Kalk bestehen auch die Montagne du Luberon. Die tiefste Schlucht Europas, der Grand Canyon du Verdon, stellt ein frühes Durchbruchstal dar.

Politik und Verwaltung

Die Region ist in sechs Départements unterteilt, Vaucluse (Hauptstadt Avignon), Alpes-Maritimes (Nizza), Alpes-de-Haute-Provence (Digne-les-Bains), Hautes-Alpes (Gap), Bouches-du-Rhône (Marseille) und Var (Toulon). Dieser Reiseführer beschränkt sich auf Vaucluse, Bouches-du-Rhône und einen Teil der Alpes-de-Haute-Provence. Die Dezentralisierungspolitik, die 1981 mit dem Präsidenten Mitterrand begann, hat den Regionen mehr Selbstständigkeit gebracht.

Sprache

An den doppelten Ortsnamen auf den Straßenschildern lässt sich immer häufiger erkennen, dass das Pro-venzalische wieder mehr Raum bekommen hat. Es ist die Sprache der Troubadoure und der höfischen Dichtung – entsprechend dem Minnesang im deutschen Sprachgebiet –, die vor etwa einem Jahrtausend im westlichen Mittelmeerraum weit verbreitet war. Vom klassischen Französisch unterscheidet es sich vor allem durch die Betonung der Vokale.

Tourismus

105 300 Arbeitsplätze im jährlichen Durchschnitt schafft der Tourismus, der allerdings in den Sommermonaten mancherorts die Einwohnerzahl verzehnfacht und 12 % zum jährlichen regionalen BIP beiträgt. 34 Mio. Touristen wurden 2009 (mit 224 Mio. Logiernächten) gezählt. Glücklicherweise geht die Tendenz zu ganzjährigem Tourismus über, denn mehr als drei Viertel der Übernachtungen fallen auf die drei Küsten-Départements. Rasant zugenommen hat in den vergangenen Jahren die Zahl der Zweitwohnungen in der Provence. Mit der schnellen Zugverbindung von Paris ist Marseille in nur drei Stunden zu erreichen.

Wirtschaft

Die meisten Arbeitsplätze der Provence liegen im Süden, an der Côte d'Azur, wo die Technologie-Parks Raum für chemische und biotechnische Forschungsstätten geschaffen haben: in Marseille, Tor nach Afrika und zum Orient, mit seinem Hafen, mit Öl-, chemischer und petrochemischer Industrie, mit Aluminiumhütten, Flugzeug- und Maschinenbau sowie Werften in Toulon. Auch etwa ein Fünftel der französischen Gemüse- und Obsternte wird auf acht Prozent der Landesfläche eingebracht.

Geschichte

Um 600 v. Chr.
Griechische Kolonisten gründen Massalia, das heutige Marseille. Weitere Stadtgründungen folgen an der Küste und an den Ufern der Rhône.

125 v. Chr.
Gallische Überfälle führen dazu, dass die griechischen Siedler das Römische Reich zu Hilfe rufen. Die Römer erobern das Gebiet und gründen Aquae Sextiae (Aix-en-Provence).

102 v. Chr.
Der Feldherr Marius schlägt die Teutonen bei Aix und wird als »dritter Gründer Roms« gefeiert.

58–51 v. Chr.
Cäsar okkupiert ganz Gallien. Die Stadt Arles wird errichtet und die Via Aurelia von Rom bis nach Aix gebaut.

843
Teilung von Verdun: Die Provence fällt mit Burgund und Lothringen an Lothar, den Enkel Karls des Großen.

855
Lothars dritter Sohn Karl wird zum König der Provence ausgerufen.

1032
Das Heilige Römische Reich Deutscher Nation annektiert die Provence.

12. Jh.
Die Provence fällt an die Grafen von Toulouse, später an die Grafen von Barcelona.

1348
Johanna I. von Anjou verkauft Avignon an Papst Clemens VI.

1309–1403
Päpste und Gegenpäpste machen Avignon zu ihrer Residenz.

1434–1480
René von Anjou wird Graf der Provence. Die Regierung des »guten Königs René« gilt als Goldenes Zeitalter.

1481
Der Neffe Renés, Karl von Maine, vermacht die Provence dem französischen König Ludwig XI.

1539
Französisch wird zur Verwaltungssprache der Provence erklärt.

1545
Franz I. lässt Tausende von Waldensern im Luberon umbringen.

1555
Nostradamus veröffentlicht seine astrologischen Weissagungen.

1560–1598
Die Religionskriege halten Frankreich in Atem. Das Edikt von Nantes beendet die Konflikte zwischen Protestanten und Katholiken.

1685
Aufhebung des Edikts von Nantes und erneute Verfolgung der Protestanten. Hunderttausende Hugenotten flüchten, viele davon nach Preußen.

1720
Eine verheerende Pestepidemie fordert in Marseille 40 000 Tote.

1771
Das Parlament in Aix wird aufgelöst.

1789
Mit dem Sturm auf die Bastille beginnt die Französische Revolution. Die Marseillaise, in Straßburg von Rouget de Lisle komponiert, wird von einem Freiwilligenbataillon aus Marseille nach Paris gebracht und später zur Nationalhymne erklärt.

1933
Beginn der Kanalisierung der Rhône.

1942
Die Deutsche Wehrmacht besetzt die Provence.

1944
Befreiung durch die Alliierten.

1956
Frankreichs erster Atomreaktor geht in Marcoule ans Stromnetz.

1962
Frankreich zieht sich aus Algerien zurück. An der Durance nimmt das erste Wasserkraftwerk den Betrieb auf.

1965
Der Industriehafen Fos wird gebaut.

1970
Marseille ist nun durch eine Autobahn mit Paris verbunden. Einrichtung des Nationalparks Camargue.

1974
Der Regionalrat der Region Provence-Alpes-Côte d'Azur tritt zusammen: Die Entwicklung des Industriehafens Fos verläuft enttäuschend, der Schiffbau erlischt. Ein demografisches und ökonomisches Ungleichgewicht zwischen der Küste und dem Landesinneren ist unübersehbar. Tourismus beginnt das Land zu verändern.

1977
Der Parc Naturel Régional du Luberon wird geschaffen.

1982
Marseille wird an das TGV-Hochgeschwindigkeitsnetz angeschlossen.

1991
In der Calanque Sormiou, in der Grotte »de Cosquer« bei Marseille, werden 27 000 Jahre alte Felsmalereien entdeckt.

1992
Schwere Verluste der etablierten Parteien bei den Wahlen. Die Rechtsextremen können sich festigen.

1993
Olympique Marseille gewinnt als erster französischer Fußballclub die UEFA Champions League.

1994
Die französische Regierung verabschiedet im Zuge der Reinhaltung der Sprache ein Gesetz zum Verbot der Verwendung von Anglizismen.

1998
Frankreich wird im eigenen Land zum ersten Mal Fußballweltmeister.

2002
Durch den Luberon wird ein 235 km langer Fahrradweg ausgeschildert.

2007
Die Salzgewinnung wird nach einem Betrieb von 150 Jahren von der Camargue nach Tunesien verlegt.

2013
Marseille-Provence feiert sich als Europäische Kulturhauptstadt.

Sprachführer Französisch

Aussprache
- ~ über einem Vokal bedeutet, dass er nasal ausgesprochen wird:
- ã wie chance
- ẽ wie terrain
- õ wie bonbon

Wichtige Wörter und Ausdrücke

Ja – oui [ui]
Nein – non [nõ]
danke – merci [mersi]
gern geschehen – de rien [dö rjän]
Wie bitte? – comment [komã]
Ich verstehe nicht. – je ne comprends pas [schö nö kõmprã pa]
Entschuldigung – pardon/excusez-moi [pardõ/exküseh-moa]
Hallo – salut [salü]
Guten Morgen/Tag – bonjour [bõschur]
Guten Abend – bonsoir [bõsuar]
Auf Wiedersehen – au revoir [oh röwuar]
Ich heiße … – je m'appelle [schö mapäl]
Ich komme aus … – je suis de [schö süi dö]
– Deutschland. – l'Allemagne [l'allmanj]
– Österreich. – l'Autriche [l'otrisch]
– der Schweiz. – la Suisse [la suis]
Wie geht's? – comment allez-vous/vas-tu [kommāt alleh-wu/kommā wa-tü]
Danke, gut. – bien, merci [bjä mersi]
wer, was, welcher – qui, quoi, lequel [ki, koa, lökel]
wann – quand [kã]
wie viel – combien [kombiẽ]
wie lange – combien de temps – [kombiẽ dö tã]
Sprechen Sie deutsch/englisch? – parlez-vous allemand/anglais [parleh-wu almã/ãnglä]
heute – aujourd'hui [oschurdüi]
morgen – demain [dömẽ]
gestern – hier [iär]

Zahlen

eins – un [ẽ], une [ün]
zwei – deux [döh]
drei – trois [troa]
vier – quatre [katr]
fünf – cinq [sẽk]
sechs – six [sis]
sieben – sept [set]
acht – huit [üit]
neun – neuf [nöf]
zehn – dix [dis]
einhundert – cent [sã]
eintausend – mille [mil]

Unterwegs

rechts – à droite [a droat]
links – à gauche [a gohsch]
geradeaus – tout droit [tu droa]
Wie kommt man nach …? – pouvez-vous m'indiquer le chemin pour aller à [puwe wu mẽdike lö schömã pur ale a]
Wo ist … – où se trouve [u sö truw]
– die nächste Werkstatt? – le garage le plus proche [lö garasch lö plü prosch]
– der Bahnhof? – la gare [la gar]
– die nächste U-Bahn? – l'arrêt de métro le plus proche [larrä dö metroh lö plü prosch]
– der Flughafen? – l'aéroport [laehropor]
– die Touristeninformation? – l'office de tourisme [loffis dö turism]

– die nächste Tankstelle? – la station-service la plus proche [la stasjõ servis la plü prosch]
Bitte voll tanken! – le plein s'il vous plaît [lö plẽ sil wu plä]
Normalbenzin – essence [esãs]
Ich möchte ein Auto/Fahrrad mieten. – je voudrais louer une voiture/un vélo [schö wudrä lueh ün voatür/ẽ welo]
Wir hatten einen Unfall. – on a eu un accident [õna ü ẽ aksidã]
Wo finde ich … – où est-ce que je trouve [uäskö schö truw]
– einen Arzt? – un médecin [ẽ medsẽ]
– eine Apotheke? – une pharmacie [ün farmasi]
Eine Fahrkarte nach … bitte! – un ticket pour … s'il vous plaît! [ẽ tikä pur …, sil wu plä]

Übernachten
Ich suche ein Hotel. – je cherche un hôtel [schö schersch ẽnohtäl]
Haben Sie noch Zimmer frei … – avez-vous encore des chambres de libres [aweh-wu ãkor deh schäbrdö libr]
– für eine Nacht? – pour une nuit [pur ün nüi]
– für eine Woche? – pour une semaine [pur ün sömän]
Ich habe ein Zimmer reserviert. – j'ai réservé une chambre [schä reserweh ün schäbr]
Wie viel kostet das Zimmer … – combien coûte la chambre [kombiẽ kut la schäbr]
– mit Frühstück? – avec le petit déjeuner [awek lö pöti dehschöneh]
– mit Halbpension? – en demi-pension [ã dömi pãsiõ]
Kann ich das Zimmer sehen? – est-ce que je peux voir la chambre [äskö schö pöh vuar la schäbr]
Ich nehme das Zimmer. – je prends la chambre [schö prã la schäbr]
Ich möchte mich beschweren. – je voudrais porter plainte. [schö wudrä porteh plẽnt]
funktioniert nicht – ne marche pas [nö marsch pa]

Essen und Trinken
Die Speisekarte bitte! – la carte s'il vous plait [la kart sil wu plä]
Die Rechnung bitte! – l'addition s'il vous plaît [ladisjõ sil wu plä]
Ich hätte gern … – Je vais prendre – [schö wä prãdre]
Wo finde ich die Toiletten (Damen/Herren)? – où sont les toilettes? (dames/hommes) [u sõ leh toalät (dam/om)]
Kellner/-in – monsieur/mademoiselle/madame [mösjöh/madmoasel/madam]
Frühstück – petit déjeuner [pöti dehschöneh]
Mittagessen – déjeuner [dehschöneh]
Abendessen – dîner [dineh]

Einkaufen
Wo gibt es …? – où se trouve [u sö truw]
Haben Sie …? – avez-vous [aweh-wu]
Wie viel kostet …? – combien ça coûte? [kombiẽ sa kut]
Das ist zu teuer. – c'est trop cher [sä tro schär]
Geben Sie mir bitte 100 Gramm/ ein Kilo … – je voudrais cent gramme/un kilo de [schö wudrä sã gram/ ẽ kilo dö]
Briefmarken für einen Brief/eine Postkarte nach … – des timbres pour une lettre/carte postale pour [deh tẽbr pur ün lettr/ün kart postal pur]

Kulinarisches Lexikon

A
à point – fast gar, »medium«
addition – Rechnung
agneau – Lamm
ail – Knoblauch
amandes – Mandeln
anchois – Sardellen (Anchovis)
andouillette – Bratwurst aus Innereien

B
beignet – Krapfen
beurre – Butter
bien cuit – durchgebraten
bière – Bier
– pression – vom Fass
bœuf – Ochse, Rind
bouillabaisse – Fischsuppe
brioche – lockeres Hefegebäck

C
cabillaud – Kabeljau
café crème – Kaffee mit Milch
– liégeois – Eiskaffee
canard – Ente
carafe d'eau – Karaffe Wasser
chèvre – Ziege, Ziegenkäse
chocolat chaud – Kakao
– liégeois – Eisschokolade
cidre – Apfelmost
clafoutis – Auflauf mit Obst
colin – Seehecht
concombre – Salatgurke
confit – Ente, Gans, Schwein in eigenem Fett eingelegt
coq au vin – Hähnchen in Wein
coquillages – Schalentiere
côte d'agneau – Lammkotelett
couvert – Gedeck
crème – Sahne
– chantilly – süße Schlagsahne
crevettes – Garnelen
croque-madame – überbackener Toast mit Spiegelei
croque-monsieur – Toast mit Schinken und Käse überbacken
crudités – Rohkost als Vorspeise
crustacés – Krustentiere

D
daube – Gulasch
déjeuner – Mittagessen
digestif – Verdauungsschnaps
dindon – Truthahn
dîner – Abendessen

E
eau – Wasser
– en carafe – Leitungswasser
– plate – ohne Kohlensäure
– gazeuse – mit Kohlensäure
écrevisses – Krebse
entrecôte – Lendenstück
entrée – Vorspeise
épicé – gewürzt, scharf
escalope – Schnitzel
escargots – Schnecken

F
faisan – Fasan
fenouil – Fenchel
figues – Feigen
foie gras – Gänseleberpastete
fraises – Erdbeeren
frit – gebacken
fromage blanc – Käse, Quark
fruits – Obst
– de mer – Meeresfrüchte

G
gâteau – Kuchen
gaufrettes – Waffeln
gibier – Wild
gigot – Lammkeule
glace – Eis
grillade – gegrilltes Fleisch
grenadine à l'eau – Granatapfelsaft mit Wasser

H

haricots – Bohnen
herbes – Kräuter
hors-d'œuvre – kalte Vorspeise
huile – Öl
huîtres – Austern

I/J

infusion – Kräutertee
jus de fruits – Obstsaft
jambon – Schinken

L

lait – Milch
lentilles – Linsen
lièvre – Hase
loup – Seewolf

M

marmite de pêcheur – Fischsuppe
mauresque – Pastis mit Mandelmilch
menthe à l'eau – Pfefferminzextrakt mit Wasser
miel – Honig
moules – Miesmuscheln
moutarde – Senf
mouton – Hammel

N

noisette – Haselnuss
noix – Walnuss

O

œuf – Ei
oie – Gans
oignon – Zwiebel

P

pain – Brot
panaché – Bier mit Limo (Radler, Alster)
pastis – Anisschnaps
pâtes – Teigwaren
pâtisserie – Gebäck
pichet – Krug
– **en pichet** – offener Wein
pigeon – Taube
pignons – Pinienkerne
piment doux – Paprika- oder Pfefferschote
pistou – Basilikumsuppe
plat du jour – Tagesgericht
poivre – Pfeffer
pommes – Äpfel
– **de terre** – Kartoffeln
porc – Schwein
potage – Suppe
poulet – Hähnchen
prix nets – Preise inkl. Bedienung

R

rascasse – Drachenkopf (Fisch)
raisins – Weintrauben
ratatouille – Gemüseeintopf, -beilage
rillettes – Schmalzfleisch
rôti – Braten

S

saignant – »englisch« gebraten
sauté – geschmort
saucisse – Würstchen
saumon fumé – geräucherter Lachs
sel – Salz
service compris – mit Bedienung
sole – Seezunge
sucre – Zucker
suppléments – Aufpreis

T

tapenade – Olivenpaste
tarte – Torte
tisane – Kräutertee
tournedos – Rindsfilet
tripes – Kutteln
truffes – Trüffel
truite – Forelle

V

vin rouge – Rotwein
vin blanc sec – trockener Weißwein
vinaigre – Essig

Reisepraktisches von A–Z

ANREISE

MIT DEM AUTO

Sieht man von den Feiertagswochenenden ab, ebenso von der Hauptreisezeit im Juli und August, wenn sich Tausende von Franzosen an den Wochenenden auf den Weg in die Ferien machen, gelangt man schnell und gut, aber nicht ganz billig auf den mautpflichtigen (»péage«, bis Marseille ca. 55 €) Autobahnen (Höchstgeschwindigkeit 130 km/h) in Frankreichs Süden. Wer die Gebühren mit Kreditkarte bezahlen will, sollte auf die mit CB (»carte bancaire«) gekennzeichneten Ausfahrten achten.

Die Autoroute 7 ab **Lyon** führt nach **Orange** (die A 9 zweigt nach Avignon ab) und **Marseille**. Auf den Nationalstraßen zu beiden Seiten der Rhône ist man gemächlicher und dementsprechend länger unterwegs. Wer bei Montélimar die Autobahn verlässt, fährt durch das Tricastin, die Gegend der guten Rhône-Weine, über Valréas, Nyons, Vaison-la-Romaine zum Mont Ventoux. Von den Ausfahrten Avignon oder Cavaillon ist man schnell im Luberon.

Wer sich der Provence aus nordöstlicher Richtung nähert, wählt die klassische Route National 7. Von **Grenoble** aus führt dann die Route Napoleon (N 85) mit wunderschönen Ausblicken auf die Seealpen über **Digne**. Von **Sisteron**, dem nördlichen Tor der Provence, kann man auch über die A 51 nach **Aix-en-Provence** und **Marseille** fahren. Etwas geringere Mautgebühren (ca. 40 €) bezahlen Reisende, die den Süden Frankreichs über Österreich, die Schweiz (Genf–Chambéry) oder Italien (Genua–Nizza) ansteuern.

MIT DEM FLUGZEUG

Nonstop bedienen Air France, Lufthansa und viele Billigflieger von mehreren Flughäfen aus den **Aéroport Marseille Provence**. Verschiedene günstige Tarife werden auch via Paris (Flughafen Roissy-Charles-de-Gaulle) angeboten (Paris–Marseille knapp 1,5 Std.), auch nach Avignon.

Aéroport International de Marseille-Provence ▸ S. 116, B 14
Tel. 04 42 14 14 14 • www.marseille.aeroport.fr

Aéroport MP2 Marseille-Provence ▸ S. 116, B 14
Für Low-Cost-Carrier.
www.mp2.aeroport.fr

Aéroport d'Avignon-Caumont
▸ S. 111, F 4
Tel. 04 90 81 51 51 • www.avignon.aeroport.fr

Wer dann mit dem Mietwagen weiterreisen will, sollte sich nach Möglichkeit schon vorher bei den großen Anbietern nach günstigen Sondertarifen erkundigen, die es, nach Jahreszeit unterschiedlich, ab Ankunft des Fluges wochenweise gibt.

Auf www.atmosfair.de und www.myclimate.org kann jeder Reisende durch eine Spende für Klimaschutzprojekte für die CO_2-Emission seines Fluges aufkommen.

MIT DEM ZUG

Mit dem Hochgeschwindigkeitszug TGV (Train à Grande Vitesse), für den Reservierungspflicht besteht, erreicht man **Marseille** von der Pariser Gare de Lyon bis zu 18-mal tgl. in gut 3 Std.,

Anreise – Buchtipps

Avignon 15-mal in 2 Std. 40 Min. (ab 100 €). Preisgünstige Tickets gibt es für Jugendliche und Rentner, für lange Strecken den Tarif »de séjour«.
Da Zugreisende aus Deutschland auf der Pariser Gare du Nord ankommen, müssen sie mit mindestens einer halben Stunde rechnen, um in der Stadt den Bahnhof zu wechseln (Métro). Wer das Fahrrad mitnehmen will, sollte bei der Bahn rechtzeitig nachfragen, ob und wie lange vorher das Rad als Gepäck aufgegeben werden muss, damit es dann auch am Zielbahnhof ist, wenn man selbst ankommt. Allerdings verleiht die Französische Eisenbahngesellschaft SNCF auch an vielen Bahnhöfen Fahrräder.
Seit 2012 kann man von Frankfurt am Main über Straßburg und Lyon in 7 Std. 44 Min. direkt nach Marseille fahren (www.raileurope.eu).
Autoreisezüge aus Deutschland verkehren in Frankreich nur noch nach Narbonne (www.dbautozug.de).

AUSKUNFT

IN DEUTSCHLAND, ÖSTERREICH UND DER SCHWEIZ
Atout France – Französische Zentrale für Tourismus
www.rendezvousenfrance.com • Postfach 100128, 60001 Frankfurt/Main • Fax 0 69/74 55 56 • info.de@rendezvousenfrance.com, info.at@rendezvousenfrance.com, info.ch@rendezvousenfrance.com

IN FRANKREICH
CRT Provence-Alpes-Côte d'Azur
▸ Klappe hinten, c 1
Les Docks, 10, place de la Joliette, Atrium 10.5, 13567 Marseille Cedex 02 • Tel. 04 91 56 47 00 • www.crt-paca.fr

L'ADT Alpes-de-Haute-Provence
▸ 118, B 18
Immeuble François Mitterrand, BP 170, 04005 Digne-les-Bains Cedex • Tel. 04 92 31 57 29 • www.alpes-haute-provence.com

L'ADT Vaucluse Tourisme
▸ S. 37, c 2
12, rue Collège de la Croix, BP 50147, 84008 Avignon Cedex 1 • Tel. 04 90 80 47 00 • www.provenceguide.com

L'ADT Bouches-du-Rhône Tourisme ▸ Klappe hinten, c 5
13, rue Roux-de-Brignoles, 13006 Marseille • Tel. 04 91 13 84 13 • www.visitprovence.com

Fast jeder Ort der Provence hat ein eigenes **Office de Tourisme**. Dort bekommt man Infos, Ortspläne, Wander- und Fahrradkarten und oft auch Eintrittskarten für Veranstaltungen. Im Juli und August sind die meisten Touristenbüros von 9 bis 18 oder 19 Uhr durchgehend geöffnet, sonst muss man mit einer Mittagspause von 12.30–14 Uhr rechnen und damit, dass die Büros wochenends geschlossen sind. Selten sprechen die Angestellten Deutsch, öfter Englisch.

BUCHTIPPS

Jean-Claude Izzo: Marseille-Trilogie (Unions Verlag 2007) Die aus den Kriminalromanen »Total Cheops«, »Solea« und »Chourmo« bestehende Trilogie umfasst Titel, die in Frankreich längst Kultstatus haben. In der Liebeserklärung an die Mittelmeermetropole lässt Jean-Claude Izzo seinen Polizisten Fabio Montale darüber sinnieren, ob es nicht nur ein biografischer Zufall ist, ob einer Gangster oder Polizist wird.

Pierre Magnan: Laviolette auf Trüffelsuche (Fischer 2006) Der aus Manosque stammende Autor nutzt das Lokalkolorit der Provence geschickt für seine spannenden Kriminalromane. In diesem Buch spielt das Schwein Rosaline eine wichtige Rolle. Der Band erschien bereits 1978 in Frankreich, wurde aber erst 2002 ins Deutsche übersetzt.

Irina Frowen (Hrsg.): Mit Rilke durch die Provence (Insel Verlag 2005) Viel beschaulicher als heute scheint es zugegangen zu sein, als Rainer Maria Rilke sich von Paris aus auf den Weg über Südfrankreich nach Italien machte und seine Eindrücke festhielt.

Außerdem sind zur Provence ein **MERIAN-Reiseführer** (2009) sowie **Der Grüne Reiseführer** von **MICHELIN** (2013) erhältlich.

DIPLOMATISCHE VERTRETUNGEN
Deutsches Generalkonsulat
▸ Klappe hinten, südöstl. d 6

338, avenue du Prado, 13295 Marseille • Tel. 04 91 16 75 20

Österreichisches Honorarkonsulat
▸ Klappe hinten, c 5

27, cours Pierre-Puget, 13006 Marseille • Tel. 04 91 53 02 08

Schweizerisches Generalkonsulat
▸ Klappe hinten, c 5

7, rue d'Arcole, 13291 Marseille Cedex 06 • Tel. 04 96 10 14 10

FEIERTAGE
1. Jan. Neujahr
Ostermontag
1. Mai Tag der Arbeit
8. Mai Jahrestag der deutschen Kapitulation (1945) in Reims
Christi Himmelfahrt
Pfingstmontag
14. Juli Nationalfeiertag (Sturm auf die Bastille 1789)
15. Aug. Mariä Himmelfahrt
1. Nov. Allerheiligen
11. Nov. Waffenstillstand 1918
25. Dez. Weihnachten

An Feiertagen sind in der Provence fast alle Museen geschlossen.

FKK
»Naturiste« heißt der dezente Hinweis auf einen FKK-Strand (Saintes-Maries-de-la-Mer, Plage de Piémanson in der Camargue). Oben ohne wird häufig gebadet, abgesehen von Hotelpools. Das Herumspazieren in Ortschaften in Badekleidung wird als Ordnungswidrigkeit geahndet.

GELD

1 €	1,21 SFr
1 SFr	0,82 €

Aus **Geldautomaten** (»distributeurs automatiques«) ist die Versorgung rund um die Uhr möglich.

Kreditkarten (CB für »carte bancaire«) sind gebräuchlich und werden nur bei kleinen Familienbetrieben nicht akzeptiert. Postbanken, in denen man sich Geld auszahlen lassen kann, sind mit entsprechendem Kartenlogo versehen. EC-Karten werden nicht überall angenommen. Es gibt in Deutschland eine einheitliche Telefonnummer für alles, was sich sperren lässt, also Kreditkarten wie Handys: 11 61 16. Aus dem Ausland wählt man davor 00 49.

INTERNET

Internetzugang erhält man in Hotels, Internetcafés und oft auch bei den Fremdenverkehrsämtern. Manchmal verleihen Internetcafés auch Laptops.

Fast-Food-Ketten und viele Cafés bieten kostenloses WLAN (»WiFi gratuit«). An immer mehr öffentlichen Plätzen gibt es zudem WiFi-Säulen.

www.rendezvousenfrance.com
Die Website von Atout France mit Infos über Reiseziele im ganzen Land mit einer Fülle von Tipps und interessanten Links, vielen Seiten auf Deutsch, oft auf Englisch.

www.visitprovence.com
Informiert in mehreren Sprachen über die Küste von der Camargue bis Marseille. Allerdings sollte man bereits wissen, wonach man sucht.

www.provenceguide.com
Die offizielle Website des Vaucluse bietet Auskunft von Englisch bis Chinesisch, leider nicht in Deutsch.

LANDKARTEN

Die gelben Karten von Michelin (81, 83, 84) im Maßstab 1:200 000 mit Reliefs, Höhenangaben und Pässen sind gute Reisebegleiter. Für Wanderer gibt die Fédération Française de Randonnée Pédestre spezielle Wanderkarten heraus. Vom Institut Géographique National (IGN) gibt es Rad-, Wander- (1:25 000) und Themenkarten (Kajakfahren, Golfen usw.).

MEDIZINISCHE VERSORGUNG

KRANKENVERSICHERUNG

Die Vorlage einer Europäischen Krankenversicherungskarte (EHIC) ist ausreichend. Als zusätzlicher Versicherungsschutz empfiehlt sich der Abschluss einer Auslandskrankenversicherung, da diese Krankenrücktransporte mitversichert.

KRANKENHAUS

Krankenhäuser gibt es in Aix-en-Provence, Arles, Avignon, Marseille und Nîmes.

NEBENKOSTEN

1 Tasse Kaffee	3,00 €
1 Bier	4,00 €
1 Cola	2,40 €
1 Brot (ca. 500 g)	1,50 €
1 Schachtel Zigaretten	5,50 €
1 Liter Benzin	1,65 €
Öffentl. Verkehrsmittel (Einzelfahrt)	1,80 €
Mietwagen/Tag	ab 100,00 €

APOTHEKEN

Apotheken (»pharmacie«) sind in der Regel montags bis samstags von 9 bis 18 Uhr geöffnet. Man erkennt sie am grünen Kreuz, die Nacht- und Wochenenddienste sind im Schaufenster angegeben.

NOTRUF

Euronotruf Tel. 1 12
(Polizei, Feuerwehr, Rettungsdienst)

POST

Bei den Postämtern (PTT), die im Allgemeinen Mo–Fr 9–12 und 15–18, Sa 9–12 Uhr geöffnet sind, kann man Geld abheben sowie Briefmarken und Telefonkarten kaufen – aber beides bekommt man auch im »tabac«, an der roten Zigarre über der Tür erkennbar. Das Porto beträgt für Postkarten und Briefe nach Deutschland, Österreich und in die Schweiz 0,70 €. Die Briefkästen in Frankreich sind gelb lackiert.

REISEDOKUMENTE

Deutsche, Österreicher und Schweizer können mit einem gültigen Reisepass oder Personalausweis (Identitätskarte) einreisen. Kinder brauchen seit 2012 einen eigenen Ausweis.

REISEKNIGGE

In Frankreich wird wieder rigider mit dem Rauchverbot umgegangen. So ist auch das Nichtraucherhotel inzwischen selbstverständlich.
Badekleidung ist nur am Strand wohlgelitten. Wer in Badehose oder Bikini einkaufen geht, muss mit einer Ordnungsstrafe rechnen.
Trinkgelder fallen tendenziell geringer aus als zu Hause. Es ist üblich, das Trinkgeld nach Bezahlen der Rechnung liegen zu lassen. Wer nicht zufrieden ist, gibt nichts.

REISEWETTER

Die Sommer – Juni, Juli, August – sind im Allgemeinen heiß, Temperaturen bis zu 40 °C sind keine Seltenheit. Frühjahrsurlauber, die mit Frühsommertemperaturen rechnen, sind oft enttäuscht, weil Regen und Mistral bis in den Mai hinein für kühle Temperaturen sorgen können. Ab Pfingsten etwa kann man von stabilen Schönwetterlagen ausgehen. In der Hochprovence sind die Temperaturen aber auch dann noch länger angenehm. Das Mittelmeer erreicht erst im Juni eine Wassertemperatur um 18 °C. Im September ist das Meer noch warm, aber in der zweiten Monatshälfte muss man schon mit heftigen Regenfällen und Gewittern rechnen. Die provenzalischen Winter sind mit Temperaturen um 10 °C häufig mild, allerdings trifft man im Dezember und Januar auf viele geschlossene Hotels.

TELEFON

VORWAHLEN

D, A, CH ▸ Frankreich 00 33
Frankreich ▸ D 00 49
Frankreich ▸ A 00 43
Frankreich ▸ CH 00 41

Ohne »télécarte« (für 40 oder 120 Einheiten, in der Post, in Tabak- oder Zeitschriftenläden, bei der Bahn, an Flughäfen und in der Metrostation erhältlich) geht fast nichts mehr. Alle Telefonnummern in Frankreich sind zehnstellig. Günstige Tarifzeiten sind Mo–Fr von 19–8, Sa ab 12 Uhr bis Mo 8 Uhr. Das Handy heißt »portatif« oder »portable« und ist nicht auf bestimmte Netze begrenzt.

TIERE

Hunde und Katzen unter drei Monaten haben generelles Einreiseverbot. Hunde bis zu einem Jahr müssen gegen Staupe, Tollwut und Hepatitis, Katzen gegen Katzenseuche sowie Tollwut geimpft sein. Hunde und

Mittelwerte	JAN	FEB	MÄR	APR	MAI	JUN	JUL	AUG	SEP	OKT	NOV	DEZ
Tagestemperatur	10	12	15	18	22	26	29	28	25	20	15	11
Nachttemperatur	2	2	5	8	11	15	17	17	15	10	6	3
Sonnenstunden	3	4	5	7	8	8	7	7	6	4	3	2
Regentage pro Monat	8	6	7	6	7	4	2	4	6	8	8	10
Wassertemperatur	12	12	13	13	15	18	21	21	20	18	16	14

Katzen benötigen zur Einreise einen EU-Heimtierausweis (stellt der Tierarzt aus) mit Nachweis einer Tollwutimpfung. Das Tier muss durch einen Mikrochip identifizierbar sein.

VERKEHR
AUTO

Natürlich ist es am einfachsten, mit dem Auto die Region zu erkunden. Michelin-Karten (Tankstellen, Buchhandlungen, Ansichtskartenläden) im Maßstab 1:200 000 (1 cm = 2 km) verlocken mit Reliefzeichnungen, Höhenangaben, Passmarkierungen und Kennzeichnung schöner Strecken wie beachtenswerter Ausblicke zur Benutzung von kleinen, wenig befahrenen Départementsstraßen (D) abseits der viel befahrenen Nationalstraßen (N). Für größere Campingwagen ist manche dieser Strecken nicht geeignet. Die erlaubte Caravanbreite beträgt in Frankreich 2,50 m, die Länge einschließlich Zugwagen 18 m.

Auf französischen Autobahnen liegt die erlaubte Höchstgeschwindigkeit bei 130 km/h, auf Straßen mit zwei Spuren in einer Richtung 110 km/h, National- und Départementsstraßen 90 km/h, in Ortschaften 50 km/h. Achtung: Bei Nässe sind auf Autobahnen nur 110 km/h, auf Schnellstraßen 100 km/h und auf Nationalstraßen 80 km/h erlaubt. Auch auf Rücksitzen besteht Anschnallpflicht. Die Promillegrenze beträgt 0,5.

Motorradfahrer bezahlen in Frankreich etwa 60% der Mautgebühr für einen Personenwagen, Kleinbusse, Kleintransporter und Wohnmobile je nach Strecke bis zur doppelten Gebühr. Mautfrei sind viele Stadtautobahnen und -umfahrungen.

Autofahrer müssen Warnweste und ein Alkoholtestgerät mit sich führen, das für ca. 1 € an Tankstellen, Raststätten und in Supermärkten erhältlich ist (Bußgeld bei Fehlen: 11 €).

In den großen Städten wie in den reinen Fremdenverkehrsorten wird das Auto zum Hindernis. Wo am Ortsrand Besucherstellplätze ausgewiesen sind (z. B. Gordes, Roussillon, Oppède-le-Vieux), darf der Parkplatz für 2–3 € den ganzen Tag genutzt werden. In Avignon, Aix-en-Provence und Marseille gibt es in den Zentren bzw. an deren Rand gut erreichbare Parkhäuser (»parking«), die hinreichend ausgeschildert sind. Da Parkmöglichkeiten oft auch als Marktplätze dienen, ist auf das Parkverbot für bestimmte Tage zu achten.

FAHRRAD

Auch wenn man im Alltag in den Städten kaum Fahrräder sieht, schon gar nicht Fahrradwege, am Wochenende und in den Ferien sind auch die Einheimischen auf Tour de France. Räder aller Art (Mountainbike = VTT, »vélo tout terrain«) werden an den Bahnhöfen und in den meisten Fremdenverkehrsorten verliehen. Nähere Auskunft erteilen die örtlichen Offices de Tourisme. Man muss mit einer Leihgebühr von 15–20 € am Tag rechnen, es gibt Wochenend- und Wochenpauschalen und gelegentlich auch einen Nachlass für Gruppen bzw. Familien. Außerhalb der Städte müssen Radfahrer nachts, bei schlechten Sichtverhältnissen sogar tagsüber eine EU-konforme Warnweste tragen (Geldbuße 35 €).

MIETWAGEN

Fahrzeuge kann man in den größeren Städten leihen. Die Buchung vor dem Urlaub am Heimatort, beim Reisebüro oder bei internationalen

Mietagenturen ist in vielen Fällen jedoch günstiger. Wochenpauschalen und Ferienangebote gibt es für Kleinwagen schon um 350 €/Woche.

ÖFFENTLICHE VERKEHRSMITTEL

Sieht man von Marseille mit zwei U-Bahn-Linien, einer Straßenbahn und einem ausreichenden Linienbusnetz ab, sind in den meisten Orten fast alle Sehenswürdigkeiten gut zu Fuß zu erreichen. Die Verbindung der provenzalischen Orte per Bus oder Zug ist für Reisende unzulänglich, zumal viele Orte über öffentliche Verkehrsmittel nicht einmal täglich angebunden sind.

TAXI

Auf dem Land fragt man in der nächsten Bar. In Städten sind Taxen an zentralen Plätzen unübersehbar.

ZU FUSS

Viele **Fernwanderwege** (Sentiers de Grande Randonnée – GR) durchziehen die Provence. Zu den schönsten gehört der GR 4, der durch die Provence der Päpste und Weindörfer (Vivrais bis Ventoux) führt, durch Alpillen und Luberon folgt man dem GR 6. Auch für kürzere Touren von einigen Stunden (Petite Randonnée) gibt es für Sprachkundige topografische Führer.

ZOLL

Reisende aus Deutschland und Österreich dürfen Waren abgabenfrei mit nach Hause nehmen, wenn diese für den privaten Gebrauch bestimmt sind. Bestimmte Richtmengen sollten jedoch nicht überschritten werden (z. B. 800 Zigaretten, 90 l Wein, 10 kg Kaffee). Weitere Auskünfte unter www.zoll.de und www.bmf.gv.at/zoll. Reisende aus der Schweiz dürfen Waren im Wert von 300 SFr abgabenfrei mit nach Hause nehmen, wenn diese für den privaten Gebrauch bestimmt sind. Tabakwaren und Alkohol fallen nicht unter diese Wertgrenze und bleiben in bestimmten Mengen abgabenfrei (z. B. 200 Zigaretten, 2 l Wein). Weitere Auskünfte unter www.zoll.ch.

ENTFERNUNGEN (IN KM) ZWISCHEN WICHTIGEN ORTEN

	Aix	Apt	Arles	Avignon	Carpentras	Manosque	Marseille	Nîmes	Orange	Salon-de-Provence
Aix	–	55	76	80	94	53	31	106	110	36
Apt	55	–	75	52	39	40	86	92	62	60
Arles	76	75	–	36	59	129	92	30	66	42
Avignon	80	52	36	–	23	92	100	43	30	46
Carpentras	94	39	59	23	–	88	114	66	23	60
Manosque	53	40	129	92	88	–	84	132	123	89
Marseille	31	86	92	100	114	84	–	122	141	55
Nîmes	106	92	30	43	66	132	122	–	55	72
Orange	110	62	66	30	23	123	141	55	–	76
Salon-de-Provence	36	60	42	46	60	89	55	72	76	–

Kartenatlas

Maßstab 1:370 000

Legende

Touren und Ausflüge
- Den Grand Canyon du Verdon entlang (S. 86)
- Vom Plateau de Vaucluse zum Luberon (S. 88)
- Zum Gipfel des Mont Ventoux (S. 90)
- Durch die Camargue (S. 91)

Sehenswürdigkeiten
- MERIAN-TopTen
- MERIAN-Tipp
- Sehenswürdigkeit, öffentl. Gebäude
- Sehenswürdigkeit Kultur
- Sehenswürdigkeit Natur
- Kirche
- Kloster

Sehenswürdigkeiten ff.
- Synagoge
- Schloss, Burg
- Schlossruine, Burgruine
- Museum
- Denkmal
- Archäologische Stätte

Verkehr
- Autobahn
- Autobahnähnliche Straße
- Fernverkehrsstraße
- Hauptstraße
- Nebenstraße

Verkehr ff.
- Parkmöglichkeit
- Busbahnhof
- Bahnhof
- Métrostation
- Schiffsanleger
- Flughafen
- Flugplatz

Sonstiges
- Information
- Theater
- Markt
- Friedhof
- Nationalparkgrenze

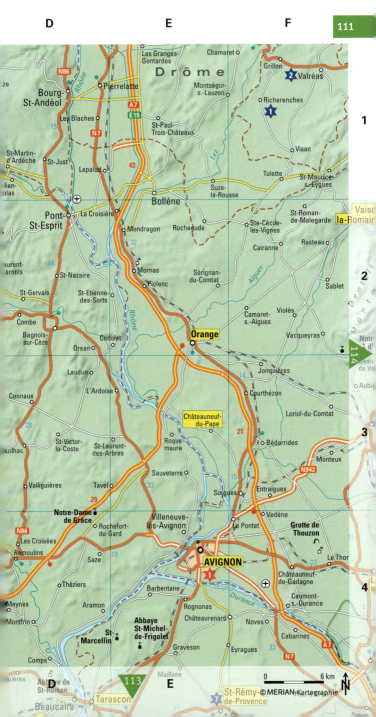

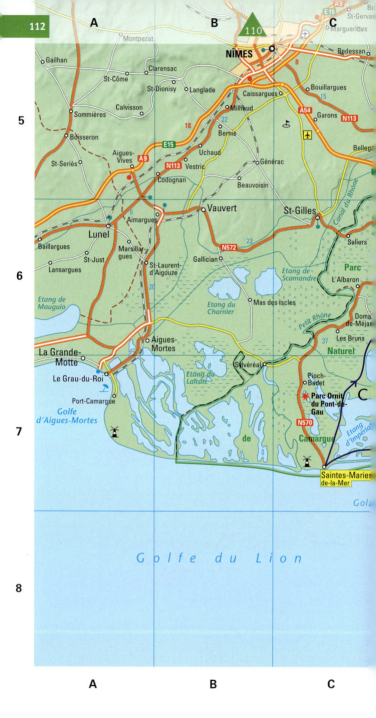

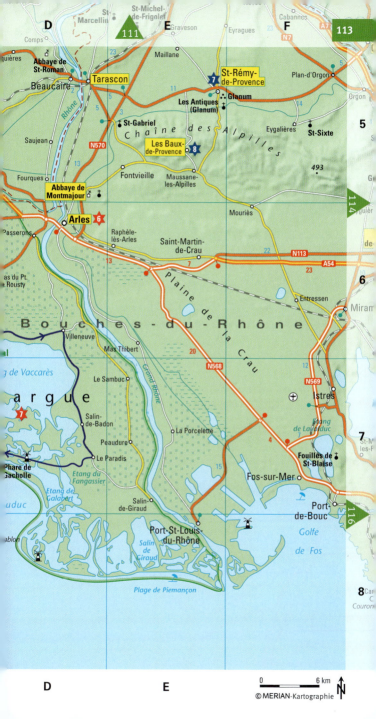

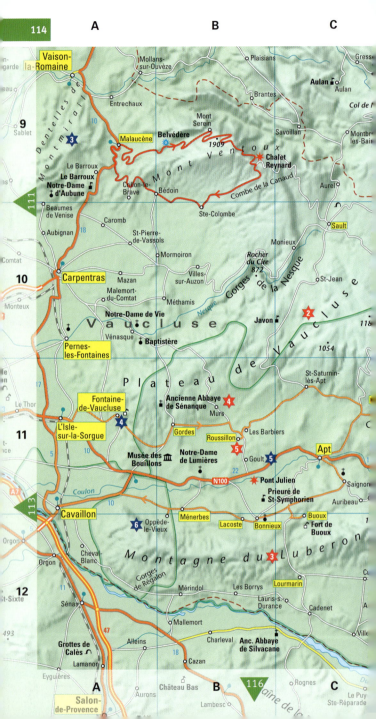

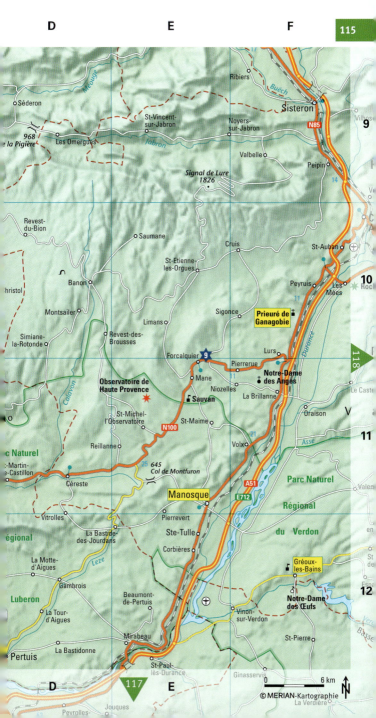

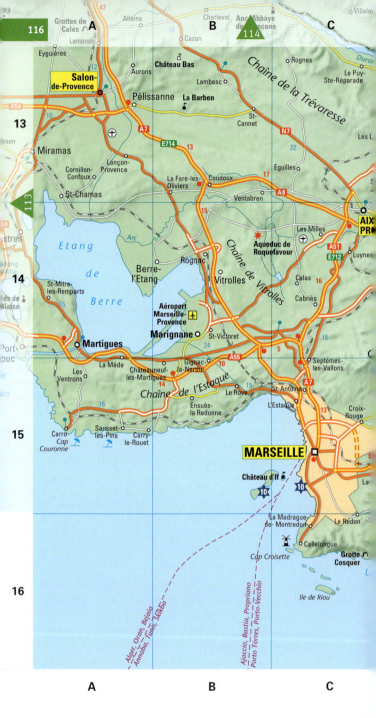

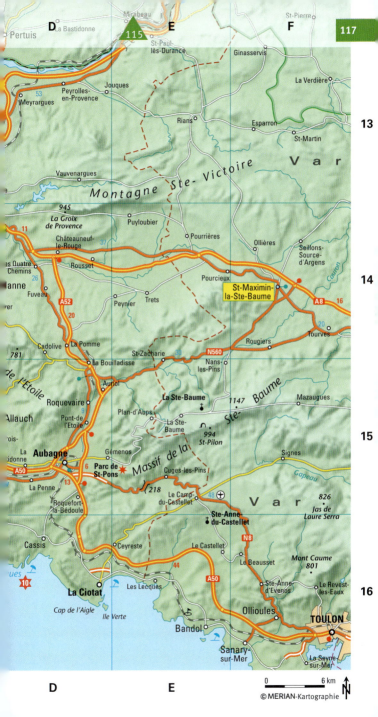

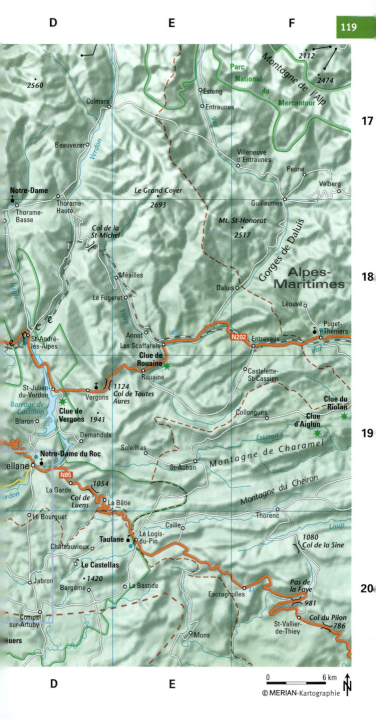

Kartenregister

Abbaye de Mont-majour 113, D5
Abbaye de St-Roman 113, D5
Abbaye St-Michel-de-Frigolet 111, E4
Aigaliers 110, B3
Aigues-Mortes 112, A6
Aigues-Vives 112, A5
Aiguines 118, B20
Aimargues 112, B6
Aix-en-Provence 116, C14
Alès 110, A3
Allauch 117, D15
Alleins 114, A12
Allemagne-en-Provence 118, A20
Anc. Abbaye de Silvacane 114, C12
Ancienne Abbaye de Sénanque 114, B11
Ancienne Chartreuse de Valbonne 111, D2
Annot 119, E18
Ansouis 114, C12
Apt 114, C11
Aqueduc de Roquefavour 116, B14
Aramon 111, D4
Arles 113, D6
Arpaillargues 110, B3
Aubagne 117, D15
Aubignan 114, A10
Aulan 114, C9
Aulan 114, C9
Aurel 114, C9
Auribeau 114, C11
Auriol 117, D15
Aurons 116, A13
Authon 118, A17
Aven d'Orgnac 110, C1
Avignon 111, E4

Bagnols-sur-Cèze 111, D2
Baillargues 112, A6
Bandol 117, E16
Banon 115, D10
Barbentane 111, E4
Bargème 119, D20
Barjac 110, B1
Barrage de Castillon 119, D19
Barrême 118, C18
Baudinard 118, B20
Bauduen 118, B20
Beaucaire 113, D5
Beaumes de Venise 114, A10
Beaumont-de-Pertuis 115, E12
Beauvezer 119, D17
Beauvoisin 112, B5

Bédarrides 111, F3
Bédoin 114, B9
Bellegarde 112, C5
Bernis 112, B5
Berre-l'Etang 116, B14
Bessas 110, B1
Bessèges 110, A1
Bezouce 110, C4
Blaron 119, D19
Blégiers 118, C17
Boisseron 112, A5
Bollène 111, E1
Bonnieux 114, B12
Bouillargues 112, C5
Bourdiguet 110, B3
Bourg-St-Andéol 111, D1
Brantes 114, B9
Brouzet-lès-Alès 110, B3
Brunet 118, A19
Buoux 114, C12

Cabannes 111, F4
Cabrières 110, C4
Cabriès 116, C14
Cadenet 114, C12
Cadolive 117, D14
Caille 119, E20
Cairanne 111, F2
Caissargues 112, C5
Calas 116, C14
Callelongue 116, C16
Calvisson 112, A5
Camaret-s.-Aigues 111, F2
Caromb 114, A10
Carpentras 114, A10
Carro 116, A15
Carry-le-Rouet 116, A15
Cassis 117, D16
Castelette-St-Cassien 119, F19
Castellane 119, D19
Castellet 114, C11
Castelnau 110, B3
Caumont-s.-Durance 111, F4
Cavaillon 114, A11
Cavillargues 110, C3
Cazan 114, B12
Céreste 115, D11
Ceyreste 117, E16
Chabrières 118, B18
Chalet Reynard 114, B9
Chamaret 111, F1
Chames 110, C1
Charleval 114, B12
Château Bas 116, B13
Château d'Allègre 110, B2
Château d'If 116, C15
Château-Arnoux 118, A18
Châteauneuf-de-Gadagne 111, F4

Châteauneuf-du-Pape 111, E3
Châteauneuf-le-Rouge 117, D14
Châteauneuf-les-Martigues 116, B15
Châteauredon 118, B18
Châteaurenard 111, F4
Châteauvieux 119, D20
Chaudon-Norante 118, C18
Cheval-Blanc 114, A12
Cheyrés 110, A1
Cité Biver 116, C14
Clarensac 112, A5
Clue d'Aiglun 119, F19
Clue de Carejuan 118, C20
Clue de Chabrières 118, B18
Clue de Chasteuil 118, C19
Clue de Rouaine 119, D19
Clue de Taulanne 118, C19
Clue de Vergons 119, D19
Clue du Riolan 119, F19
Clumanc 118, C18
Codognan 112, B5
Codolet 111, E2
Collias 110, C4
Collongues 119, F19
Collorgues 110, B3
Colmars 119, D17
Combe 111, D2
Comps 111, D4
Comps-sur-Artuby 119, D20
Connaux 111, D3
Corbières 115, E12
Cornillon-Confoux 116, A13
Coudoux 116, B13
Courthézon 111, F3
Crillon-le-Brave 114, A9
Croix-Rouge 116, C15
Cruis 115, F10
Cucuron 114, C12
Cuges-les-Pins 117, E15

Daluis 119, F18
Demandolx 119, D19
Digne-les-Bains 118, B18
Dions 110, B4
Domaine-de-Méjanes 112, C6

Eguilles 116, C13
Ensuès-la Redonne 116, B15
Entraigues 111, F3
Entraunes 119, E17
Entrechaux 114, A9
Entressen 113, F6
Entrevaux 119, F18
Escragnolles 119, F20
Esparron 117, F13
Esparron-de-Verdon 118, A20

Kartenregister

Esteng 119, E17
Estoublon 118, B19
Eygalières 113, F5
Eyguières 116, A13
Eyragues 111, E4

Foissac 110, B3
Fontaine-de-Vaucluse 114, A11
Fontvieille 113, E5
Forcalquier 115, E11
Fort de Buoux 114, C12
Fos-sur-Mer 113, F7
Fouilles de St-Blaise 113, F7
Fourques 113, D5
Fuveau 117, D14

Gailhan 112, A5
Gajan 110, A4
Gallician 112, B6
Gambrois 115, D12
Gammal 110, A2
Gardanne 116, C14
Garons 112, C5
Gémenos 117, D15
Générac 112, B5
Gignac-la-Nerthe 116, B15
Ginasservis 115, F12
Glanum 113, E5
Gordes 114, B11
Goudargues 110, C2
Goult 114, B11
Grand Canyon du Verdon 118, BC20
Graveson 111, E4
Gréoux-les-Bains 115, F12
Gresse 114, C9
Grillon 111, F1
Grospierres 110, B1
Grotte Cosque 116, C16
Grotte de la Baume 110, C4
Grotte de la Cocalière 110, A1
Grotte de Thouzon 111, F4
Grottes de Calès 114, A12
Guillaumes 119, F17

Istres 113, F7

Jabron 119, D20
Javon 114, C10
Jonquières 111, F3
Jonquières 113, D5
Jouques 117, D13

L'Ardoise 111, E3
L'Estaque 116, C15
L'Isle-sur-la-Sorgue 114, A11
La Barasse 117, D15
La Barben 116, B13
La Bastide 119, E20
La Bastide-des-Jourdans 115, E12

La Bastidonne 115, D12
La Bastidonne 117, D15
La Bâtie 119, D18
La Bâtie 119, D19
La Bégude-Blanche 118, A19
La Bouilladisse 117, D15
La Brillanne 115, F11
La Calmette 110, B4
La Ciotat 117, D16
La Croisière 111, E2
La Fare-les-Oliviers 116, B13
La Garde 119, D19
La Grande-Motte 112, A7
La Javie 118, C17
La Madrague-de-Montredon 116, C16
La Mède 116, A14
La Motte-d'Aigues 115, D12
La Palud-s.-Verdon 118, C20
La Penne 117, D15
La Pomme 117, D14
La Porcelette 113, E7
La Pyramide 110, A3
La Réglisserie 110, A3
La Robine 118, B17
La Roque-sur-Cèze 110, C2
La Seyne-sur-Mer 117, F16
La Ste-Baume 117, E15
La Tour-d'Aigues 115, D12
La Verdière 117, F13
La Vérune 110, C2
Lac de Ste-Croix 118, B20
Lacoste 114, B12
L'Albaron 112, C6
Lamanon 114, A12
Lambesc 116, B13
Lambruisse 118, C18
Lançon-Provence 116, A13
Langlade 112, B5
Lansargues 112, A6
Lapalud 111, D1
Laudun 111, D3
Lauris-s.-Durance 114, C12
Laval-St-Roman 110, C1
Le Barroux 114, A9
Le Barroux 114, A9
Le Beausset 117, F16
Le Bourguet 119, D20
Le Brusquet 118, C17
Le Camp-du-Castellet 117, E15
Le Castellas 119, D20
Le Castellet 117, E16
Le Castellet 118, A19
Le Chaffaut-St-Jurson 118, B18
Le Courau 110, C2
Le Fugeret 119, E18
Le Grau-du-Roi 112, A7
Le Logis-du-Pin 119, E20

Le Martinet 110, A1
Le Paradis 113, D7
Le Pin 110, C3
Le Pontet 111, F4
Le Puy-Ste-Réparade 116, C13
Le Redon 116, C16
Le Revest-les-Eaux 117, F16
Le Rove 116, B15
Le Sambuc 113, E7
Le Thor 111, F4
Lédignan 110, A4
Léouvé 119, F18
Les Antiques (Glanum) 113, E5
Les Barbiers 114, B11
Les Baux-de-Provence 113, E5
Les Blaches 111, D1
Les Borrys 114, B12
Les Bruns 112, C6
Les Calanques 116, C16-117, D16
Les Croisées 111, D4
Les Granges-Gontardes 111, E1
Les Lecques 117, E16
Les Logis 116, C13
Les Mages 110, A2
Les Mées 115, F10
Les Milles 116, C14
Les Omergues 115, D9
Les Passerons 113, D6
Les Quatre Chemins 117, D14
Les Rosiers 110, A2
Les Salles 118, B20
Les Scaffarels 119, E18
Les Sieyes 118, B18
Les Tavernes 110, A3
Les Trois-Lucs 116, C15
Les Vans 110, A1
Les Ventrons 116, A15
Limans 115, E10
Loriol-du-Comtat 111, F3
Lourmarin 114, C12
Lunel 112, A6
Lurs 115, F10
Lussan 110, B2
Luynes 116, C14

Maillane 113, E5
Maison-Neuve 110, B1
Malaucène 114, A9
Malemort-du-Comtat 114, A10
Malijai 118, A18
Mallemort 114, B12
Mane 115, E11
Manosque 115, E11
Marguerittes 110, C4
Marignane 116, B14
Marseille 116, C15
Marsillargues 112, A6

Martigues 116, A14
Mas des Iscles 112, B6
Mas du Pt. de Rousty 113, D6
Mas Thibert 113, E6
Maussane-les-Alpilles 113, E5
Mazan 114, A10
Mazaugues 117, F15
Méailles 119, E18
Méjannes-le-Clap 110, B2
Ménerbes 114, B11
Mérindol 114, B12
Méthamis 114, B10
Mévouillon 114, C9
Meynes 111, D4
Meyrargues 117, D13
Mézel 118, B18
Milhaud 112, B5
Mirabeau 115, E12
Miramas 113, F6
Mollans-sur-Ouvèze 114, A9
Mondragon 111, E2
Monieux 114, C10
Mons 110, A3
Mons 119, E20
Mont Serein 114, B9
Montagnac 110, A4
Montagnac 118, A20
Montaren 110, B3
Montbrun-les-Bains 114, C9
Monteux 111, F3
Montfrin 111, D4
Montiels 110, A3
Montpezat 110, A4
Montsailer 115, D10
Montségur-s.-Lauzon 111, E1
Moriez 118, C18
Mormoiron 114, B10
Mornas 111, E2
Mouriès 113, F6
Moustiers-Ste-Marie 118, B19
Murs 114, B11
Musée des Bouillons 114, B11

Nans-les-Pins 117, E15
Navacelles 110, B2
Ners 110, A3
Nîmes 112, B5
Niozelles 115, F11
Notre-Dame d'Aubune 114, A9
Notre-Dame de Baudinard 118, B20
Notre-Dame de Beauvoir 118, B19
Notre-Dame de Grâce 111, D4
Notre-Dame de Lumières 114, B11

Notre-Dame de Vie 114, A10
Notre-Dame des Anges 115, F11
Notre-Dame des Œufs 115, F12
Notre-Dame du Roc 119, D19
Noves 111, F4
Noyers-sur-Jabron 115, E9

Observatoire de Haute Provence 115, E11
Ollières 117, F14
Ollioules 117, F16
Oppède-le-Vieux 114, B12
Oraison 115, F11
Orange 111, E2
Orgnac-l'Aven 110, C1
Orgon 114, A12
Orsan 111, D2

Parc de St-Pons 117, E15
Parc Ornit. du Pont-de-Gau 112, C7
Peaudure 113, E7
Peipin 115, F9
Pélissanne 116, A13
Peone 119, F17
Pernes-les-Fontaines 114, A10
Pertuis 115, D12
Peynier 117, E14
Peyrolles-en-Provence 117, D13
Peyruis 115, F10
Phare de la Gacholle 113, D7
Pierrelatte 111, D1
Pierrerue 115, F11
Pierrevert 115, E11
Pioch-Badet 112, C7
Piolenc 111, E2
Plaisians 114, B9
Plan-d'Aups 117, E15
Plan-d'Orgon 113, F5
Pont d'Arc 110, C1
Pont Julien 114, B11
Pont St-Nicolas 110, C4
Pont St-Nicolas 110, C4
Pont-de l'Etoile 117, D15
Pont-St-Esprit 111, D2
Port-Camargue 112, A7
Port-de-Bouc 113, F7
Port-St-Louis-du-Rhône 113, E8
Potelières 110, B2
Poulx 110, C4
Pourcieux 117, E14
Pourrières 117, E14
Pouzilhac 111, D3

Prads 118, C17
Prieuré de Ganagobie 115, F10
Prieuré de St-Symphorien 114, B11
Puget-Théniers 119, F18
Puimoisson 118, A19
Puyloubier 117, E14

Quinson 118, A20

Raphèle-lès-Arles 113, E6
Rasteau 111, F2
Redessan 112, C5
Reillanne 115, E11
Remoulins 111, D4
Revest-des-Brousses 115, D10
Revest-du-Bion 115, D10
Rians 117, E13
Ribiers 115, F9
Richerenches 111, F1
Riez 118, A19
Rochefort-du-Gard 111, D4
Rochegude 111, E2
Rochers des Mées 118, A18
Rognac 116, B14
Rognes 116, C13
Rognonas 111, E4
Roquefort-la-Bédoule 117, D15
Roquemaure 111, E3
Roquevaire 117, D15
Rouaine 119, E19
Rougiers 117, F14
Roumoules 118, A19
Rousset 117, D14
Roussillon 114, B11
Rustrel 114, C11

Sablet 111, F2
Sabran 110, C2
Saignon 114, C11
Saintes-Maries-de-la-Mer 112, C7
Saint-Martin-de-Crau 113, E6
Saint-Michel-de-Cousson 118, B18
Salavas 110, B1
Saliers 112, C6
Salin-de-Badon 113, D7
Salin-de-Giraud 113, E7
Salindres 110, A2
Salon-de-Provence 116, A13
Sanary-sur-Mer 117, F16
Saujean 113, D5
Sault 114, C10
Saumane 115, E10
Sausset-les-Pins 116, A15
Sauvan 115, E11

Sauvas 110, A1
Sauveterre 111, E3
Savoillan 114, C9
Saze 111, D4
Séderon 115, D9
Seillons-Source-d'Argens 117, F14
Sénas 114, A12
Senez 118, C19
Septèmes-les-Vallons 116, C15
Sérignan-du-Comtat 111, E2
Serviers 110, B3
Seynes 110, B3
Signes 117, F15
Sigonce 115, F10
Simiane-la-Rotonde 115, D10
Sisteron 115, F9
Soleilhas 119, E19
Sommières 112, A5
Sorgues 111, F3
St-Ambroix 110, A2
St-André-les-Alpes 119, D18
St-Antoine 116, C15
St-Auban 115, F10
St-Auban 119, E19
St-Bonnet-du-Gard 111, D4
St-Bres 110, A1
St-Cannet 116, B13
St-Chamas 116, A13
St-Chaptes 110, B4
St-Christol 114, C10
St-Côme 112, A5
St-Denis 110, B2
St-Dionisy 112, B5
Ste-Anne-d'Evenos 117, F16
Ste-Anne-du-Castellet 117, E16
Ste-Cécile-les-Vignes 111, F2
Ste-Colombe 114, B10
Ste-Croix-de-Verdon 118, B20
St-Etienne-des-Sorts 111, E2
St-Etienne-les-Orgues 115, E10
Ste-Tulle 115, E12
St-Gabriel 113, E5
St-Geniez 118, A17
St-Gervais 111, D2
St-Gervasy 110, C4
St-Gilles 112, C6
St-Hilaire-de-Brethmas 110, A3
St-Hippolyte-de-Montaigu 110, C3
St-Jean 114, C10
St-Jean-de-Maruéjols 110, B1

St-Julien-d'Asse 118, A19
St-Julien-de-Cassagnas 110, A2
St-Julien-de-Peyrolas 111, D1
St-Julien-du-Verdon 119, D19
St-Just 111, D1
St-Just 112, A6
St-Laurent-d'Aigouze 112, A6
St-Laurent-de-Carnols 110, C2
St-Laurent-des-Arbres 111, E3
St-Laurent-la-Vernède 110, C3
St-Maime 115, E11
St-Marcel-de-Careiret 110, C2
St-Marcellin 111, E4
St-Marc-Jaumegarde 116, C13
St-Martin 117, F13
St-Martin-d'Ardèche 111, D1
St-Martin-de-Bernard 110, A2
St-Martin-de-Brômes 118, A20
St-Martin-de-Castillon 115, D11
St-Maurice-de-Cazevieille 110, A3
St-Maurice-s.-Eygues 111, F1
St-Maximin-la-Ste-Baume 117, F14
St-Michel-l'Observatoire 115, E11
St-Mitre-les-Remparts 116, A14
St-Nazaire 111, D2
St-Paul-le-Jeune 110, A1
St-Paul-lès-Durance 115, E12
St-Paul-Trois-Châteaux 111, E1
St-Pierre 115, F12
St-Pierre-de-Vassols 114, A10
St-Privat-des-Vieux 110, A2
St-Quentin-la-Poterie 110, C3
St-Remèze 110, C1
St-Rémy-de-Provence 113, E5
St-Roman-de-Malegarde 111, F2
St-Saturnin-lès-Apt 114, C11
St-Sauveur-de-Cruzières 110, B1
St-Seriès 112, A5
St-Sixte 113, F5

St-Vallier-de-Thiey 119, F20
St-Victor-de-Malcap 110, B2
St-Victoret 116, B14
St-Victor-la-Coste 111, D3
St-Vincent-sur-Jabron 115, E9
St-Zacharie 117, E15
Suze-la-Rousse 111, E1
Sylvéréal 112, B7

Tarascon 113, D5
Tartonne 118, C18
Taulane 119, E20
Tavel 111, E3
Théziers 111, D4
Thoard 118, A17
Thorame-Basse 119, D18
Thorame-Haute 119, D17
Thorenc 119, F19
Toulon 117, F16
Tourves 117, F14
Trets 117, E14
Trigance 118, C20
Tulette 111, F1

Uchaud 112, B5
Uzès 110, C3

Vacqueyras 111, F2
Vagnas 110, B1
Vaison-la-Romaine 114, A9
Valbelle 115, F9
Valberg 119, F17
Valensole 118, A19
Vallabrix 110, C3
Vallérargues 110, B3
Valliguières 111, D3
Vallon-Pont-d'Arc 110, C1
Valréas 111, F1
Vauvenargues 117, D13
Vauvert 112, B6
Vedène 111, F4
Vénasque 114, A10
Ventabren 116, B13
Verfeuil 110, C2
Vergons 119, D19
Vestric 112, B5
Vézénobres 110, A3
Vilhosc 118, A17
Villelaure 114, C12
Villeneuve 113, D6
Villeneuve d'Entraunes 119, F17
Villeneuve-lès-Avignon 111, E4
Villes-sur-Auzon 114, B10
Vinon-sur-Verdon 115, F12
Violès 111, F2
Visan 111, F1
Vitrolles 115, D11
Vitrolles 116, B14
Volonne 118, A17
Volx 115, F11

Orts- und Sachregister

Wird ein Begriff mehrfach aufgeführt, verweist die **fett** gedruckte Zahl auf die Hauptnennung, eine *kursive* Zahl auf ein Foto.
Abkürzungen:
Hotel [H]
Restaurant [R]

Abbaye de Montmajour 62
Abbaye de Sénanque [Gordes, MERIAN-TopTen] 49
Aiguines 86
Aix-en-Provence *4*, *66*, 67
Ancienne Halle aux Grains [Aix-en-Provence] 69
Angeln 27
Anreise 102
Apotheken 105
Apt **47**, 88
Arles 5, *56*, 57
Atelier Jardin [H, Valensole] 19
Atelier Paul Cézanne [Aix-en-Provence] 68
Au Brin de Thym [R, Arles] 61
Au Coquin de Sort [H, Vaison-la-Romaine] 44
Au vieux Panier [H, Marseille] 82
Auribeau 88
Auskunft 103
Auto 102, 107
Avignon 5, **35**

Balcon de la Mescla 86
Baume Bonne [Quinson] 76
Bédoin 45
Bevölkerung 94
Bleu Évasion [Marseille] 20
Bonnieux *46*, **51**, 88
Bouches-du-Rhône 57
Brasserie du Nord Pinus [R, Arles] 61
Bristol [H, Avignon] 38
Buchtipps 103
Buoux **52**, 88
Burg [Vaison-la-Romaine] 44

Calanques [Marseille, MERIAN-TopTen] 5, 67, **78**
Camargue 5, **91**, *91*
Canebière [Marseille] 80
Carpentras 41
Cassis 16, 23
Castellaras [Gorges de la Nesque] 42
Castellet 88
Cathédrale d'Images [Les Baux-de-Provence] 65
Cathédrale Saint-Sauveur [Aix-en-Provence] **67**, 70, *70*
Cavaillon **52**, 89
Centre de la Vieille Charité [Marseille] 79
Chalet-Reynard 90
Chambre d'hôtes 13
Chapelle des Pénitents Gris [Avignon] 36
Château d'If [Marseille] 31
Château du Roi René [Tarascon] 62
Châteauneuf-du-Pape 15, 16, **40**
Chez Etienne [R, Marseille] 82
Chez Fonfon [R, Marseille] 82
Chez Serge [R, Carpentras] 41
Chez Toinou [R, Marseille] 82
Christian Etienne [R, Avignon] 39
Cirque de Vaumale 86
Cloître Saint-Louis [H, Avignon] *12*, 38
Clos des Iris [H, Moustiers-Sainte-Marie] 74
Col d'Illoire 86
Corniche Kennedy [Marseille] 78
Correns 18, *21*
Côteaux du Luberon 16
Côtes de Provence 23
Côtes du Ventoux 16
Cours Mirabeau [Aix, MERIAN-TopTen] 68
Croix de Provence [Montagne Sainte-Victoire] 73

D'Arlatan [H, Arles] 61
De Garlande [H, Avignon] 38
Dentelles de Montmirail [MERIAN-Tipp] 48, *92/93*
Des Augustins [H, Aix-en-Provence] 71
Diplomatische Vertretungen 104
Domaine de Capelongue [H, Bonnieux] 51
Domaine de Rhodes [H, Avignon] 38
Domaine des Trois Bories [H, Gordes] 19
Du Fiacre [H, Carpentras] 41

Ecomusée du Santon et des Traditions de Provence [Fontaine-de-Vaucluse] 48
Église Vieille [Bonnieux] 51
Einkaufen 22
Entfernungen 108
Esel 31
Essen 14
Étang d'Impérial 91
Étang de Vaccarès 91

Orts- und Sachregister 125

Euroméditerranée [Marseille] 77, **79**
Events 24

Fahrrad **27**, 107
Familientipps 30
Fayencen 73
Feiertage 104
Feria [Arles] 25
Ferienhäuser 13
Ferme Cueillette [Le Valadet] 20
Feste 24
Festival jeune public [Vaison-la-Romaine] 31
FKK 104
Fleur de Thym [R, Cavaillon] 52
Fliegen 27
Flugzeug 102
Fondation Vasarély [Aix-en-Provence] 68
Fondation Vincent van Gogh-Arles [Arles] 58
Fontaine d'Eau Thermale [Aix-en-Provence] 68
Fontaine de la Rotonde [Aix-en-Provence] 68
Fontaine-de-Vaucluse **48**, *50*, 89
Forcalquier 5
Freizeit 26
Frühstück 13

Geld 104
Geschichte 96
Gigondas 15
Glanum [Saint-Rémy-de-Provence] 64, *64*
Gogh, Vincent van 57, 58, 61, 64
Golf 27
Gordes 5, **48**, 89
Gorges de la Nesque 42
Goult [MERIAN-Tipp] 49
Grand Canyon du Verdon [MERIAN-TopTen] 5, *26*, *29*, **74**, *75*, 86
Gréoux-les-Bains 75
grüner reisen 18

Haut-Vaucluse 34
Herbes de Provence 15
Hostellerie du Val de Sault [H, Sault] 43
Hostellerie le Beffroi [H, Vaison-la-Romaine] 44
Hôtel d'Arbaud [Aix-en-Provence] 69
Hôtel en Ville [H, Aix-en-Provence] 71
Hotels 13

Internet 104

Jardin des Vestiges [Marseille] 80

Kathedrale Saint-Siffrein [Carpentras] 41
Kirschenpflücken im Luberon *30*, 31
Klettern 28
Korkenziehermuseum [Ménerbes] 53
Krankenhaus 105
Krankenversicherung 105
Kulinarisches Lexikon 100

L'Atelier [R, Arles] 19
L'Isle-sur-la-Sorgue **50**, 89
La Bastide de l'Adrech [H, Manosque] 76
La Bastide de Moustiers [H, Moustiers-Sainte-Marie] 74
La Cantinetta [R, Marseille] 82
La Capellière 91
La Charcuterie [R, Arles] 61
La Chassagnette [R, Le Sambuc] 20
La Compagnie de Provence [Marseille] 20
La Ferme de Gerbaud [Lourmarin] 20
La Flambée [R, Bonnieux] 51
La Fourchette [R, Avignon] 39

La Friche de la Belle de Mai [Marseille] 78, **79**
La Fuste [H, Manosque] 76
La Gousse d'Ail [Saint-Rémy-de-Provence, MERIAN-Tipp] 63
La Joliette [Marseille] 77
La Menthe Sauvage [R, Marseille] 82
La Mère Germaine [R, Châteauneuf-du-Pape] 40
La Palud-sur-Verdon **75**, 86
La Plaine [Marseille] **80**, 83
La Treille Muscate [R, Moustiers-Sainte-Marie] 74
Lac d'Esparron 76
Lac de Sainte-Croix **76**, 86
Lacoste *2*, **52**, 88
Landkarten 105
Landschaft 94
Lavendelfelder [MERIAN-TopTen] 42, *43*, **54**, *54*, 76
Lavendelfest [Sault] 55
Le Bistrot du O [R, Vaison-la-Romaine] 45
Le Cèdre [R, Avignon] 39
Le Cilantro [R, Arles] 61
Le Cloître [H, Arles] 61
Le Clos de la Violette [R, Aix-en-Provence] 71
Le Gordos [H, Gordes] 49
Le Haras de l'eau [H, L'Isle-sur-la-Sorgue] 50
Le Mas des Deux Puits [H, Bonnieux] 51
Le Panier [Marseille] 77
Le Passage [R, Aix-en-Provence] 71
Le Pavillon Vert [H, Avignon] 38
Le Pichet [R, Avignon] 39

Le Pigonnet [H, Aix-en-Provence] 70
Le Prince Noir [Les Baux-de-Provence, MERIAN-Tipp] 65
Le Prophète [Marseille] 83
Le Relais [H, Moustiers-Sainte-Marie] 74
Les Arcenaulx [Marseille] 80
Les 2 Frères [R, Aix-en-Provence] 71
Les Alpilles 4
Les Alyscamps [Arles] 57
Les Antiques [Saint-Rémy-de-Provence] 64
Les Arènes [Arles] *56*, 57
Les Ateliers de l'Image [H, Saint-Rémy-de-Provence] 65
Les Baux-de-Provence 65
Les Caves du Palais [Gordes] 49
Les Milles 73
Les Quatre Dauphins [H, Aix-en-Provence] 71
Logis de France 13
Lou Banestoun [H, Roussillon] 50
Lourmarin 53
Luberon [MERIAN-TopTen] 4, *30*, **47**, 88

Maison du Parc du Luberon [Apt] 47
Maison Valvert [H, Bonnieux] 19
Malaucène 45
Manosque 76
Marais du Vigueirat [Mas-Thibert] 20
Märkte *10/11*, 23, 39, 42, 47, 51, 52, 72
Marseille 5, **77**, *81*
Mas de Gourgonnier [Le Destet] 20
Medizinische Versorgung 105
Ménerbes **53**, 89

Mercure Beauvau [H, Marseille] 81
Mietwagen 107
Mont Serein 90
Mont Ventoux 4, **45**, *47*, 90
Montagne de Lure 5
Montagne Sainte-Victoire 73
Montagsmarkt in Forcalquier [MERIAN-Tipp] 77
Moulin à Papier [Fontaine-de-Vaucluse] **31**, 48
Mourre Nègre 47
Moustiers-Sainte-Marie **73**, 86
Musée Angladon [Avignon] 37
Musée Calvet [Avignon] 38
Musée Cantini [Marseille] 80
Musée d'Art contemporain [Marseille] 79
Musée d'Art et d'Histoire [Orange] 41
Musée d'Histoire [Les Baux-de-Provence] 65
Musée de l'Aventure industrielle [Apt] 47
Musée de la Camargue [Mas du Pont de Rousty] 63
Musée de la Faïence [Moustiers-Sainte-Marie] 74
Musée de préhistoire des Gorges du Verdon [Quinson] 76
Musée départemental –Arles antique [Arles] 58
Musée des Docks Romains [Marseille] 80
Musée des Tapisseries [Aix-en-Provence] 68
Musée du Vieil Aix [Aix-en-Provence] 70
Musée du Vieux Port [Marseille] 79
Musée et Jardins de Salagon [Mane] 21

Musée Granet [Aix-en-Provence] 68
Musée National des Civilisations de l'Europe et de la Méditerranée [Marseille] 78, **80**, *81*
Musée Réattu [Arles] 58
Museon Arlaten [Arles] 60
Muséum d'Histoire Naturelle [Aix-en-Provence] 69

Nacht des kleinen St. Johannes [Valréas, MERIAN-Tipp] 42
Nebenkosten 105
Noialles [Marseille] 80
Nord Pinus [H, Arles] 60, *60*
Nostradamus 62
Notre-Dame-de-Beauvoir [Moustiers-Sainte-Marie] 73
Notre-Dame-de-la-Garde [Marseille] *78*, **79**, 81
Notruf 105

Obelisk [Arles] 60
Ockerlehrpfad [Roussillon] 31
Öffentliche Verkehrsmittel 108
Oppède-le-Vieux [MERIAN-Tipp] **53**, *88*, 89
Orange 5, **40**

Palais de Justice [Aix-en-Provence] 69
Palais des Papes [Avignon] *34*, 36
Panier [Marseille] 81
Parc Naturel de Camargue [MERIAN-TopTen] **63**, 91
Parc Ornithologique du Pont-de-Gau 31
Paul Cézanne 67, 68, 73

Orts- und Sachregister

Pernes-les-Fontaines 42
Petit Palais [Avignon] 38
Pfauenvilla [Vaison-la-Romaine] 44, *44*
Phare de la Gacholle 91
Pic des Mouches [Montagne Sainte-Victoire] 73
Place de l'Horloge [Avignon] 36
Plage de la Pointe Rouge [Marseille] 83
Plage Sainte-Estève [Marseille] 83
Plateau de Valensole 76
Point Sublime 86
Politik 95
Pont Julien [Bonnieux] 51
Pont Saint-Bénézet [Avignon] *32/33*, 35, 36
Pont-du-Galetas [Lac de Sainte-Croix] 76
Porte d'Orange [Carpentras] 41
Post 105
Prieuré de Ganagobie 77
Prieuré Sainte-Victoire [Montagne Sainte-Victoire] 73

Quinson 76

Reisedokumente 105
Reiseknigge 106
Reisewetter 106
Reiten 28
Richerenches 15
Rocher des Doms [Avignon] 36
Rocher du Cire [Gorges de la Nesque] 42
Römische Brücke [Vaison-la-Romaine] 43
Rougon 86
Roussillon [MERIAN-TopTen] **50**, 89
Rue des Teinturiers [Avignon] 36
Rustrel 51, *84/85*, 89

Saignon 88
Saintes-Maries-de-la-Mer **63**, 91
Saint-Honorat [Arles] 57
Saint-Jacques [Cavaillon] 52
Saint-Maximin-la-Sainte-Baume 73
Saint-Paul-de-Mausole [Saint-Rémy-de-Provence] 64
Saint-Rémy-de-Provence 5, **64**
Saint-Trophime [Arles, MERIAN-TopTen] 58
Saint-Vincent [Les Baux-de-Provence] 65
Salon-de-Provence 62
Sault 42, *43*
Savon de Marseille 23
Schloss [Lourmarin] 53
Schwimmen 28
Skifahren 29
Sofitel Palm Beach [H, Marseille] 81
Sorgue-Tour [Fontaine-de-Vaucluse, MERIAN-Tipp] 48, *50*
Sous les Figuiers [H, Saint-Rémy-de-Provence] 65
Sport 26
Sprache 95
Sprachführer 98
Strände in Marseille [MERIAN-Tipp] 83
Synagoge [Cavaillon] 52

Tarascon 62
Tauchen 29
Taxi 108
Telefon 106
Tennis 29
Theaterfestival [Avignon, MERIAN-TopTen] 25, *34*, 35
Théâtre Antique [Orange] 40
Tiere 106
Tour d'Horloge [Aix-en-Provence] 69

Tour du Châtelet [Avignon] 36
Tour Ferrande [Pernes-les-Fontaines] 42
Tourismus 95
Trigance 86
Trinken 14
Triumphbogen [Carpentras] 41
Triumphbogen [Orange] 40
Trüffelernte [Richerenches, MERIAN-Tipp] 15

Übernachten 12
Une Table au Sud [R, Marseille] 82

Vacqueyras 15
Vaison-la-Romaine 5, **43**, 44
Val d'Enfer 65
Vallis clausa 89
Vallon des Auffes [Marseille] 79
Valréas 42, *43*
Vaucluse *2*, 88
Verkehr 107
Verwaltung 95
Vieille Charité [Marseille] 81
Vieux Port [Marseille] 80, *94*
Villa Gallici [H, Aix-en-Provence] 70
Village des Bories [Gordes] 49
Vorwahlen 106

Wandern 29
Wein 16
Wildwasserfahrten 29
Winzermuseum [Châteauneuf-du-Pape] 40
Wirtschaft 95

Zigeunerwallfahrt [Saintes-Maries-de-la-Mer] *24*, **25**, 63
Zoll 108
Zug 102

128 IMPRESSUM

Liebe Leserinnen und Leser,
vielen Dank, dass Sie sich für einen Titel aus unserer Reihe MERIAN *live!* entschieden haben. Wir freuen uns, Ihre Meinung zu diesem Reiseführer zu erfahren. Bitte schreiben Sie uns an merian-live@travel-house-media.de, wenn Sie Berichtigungen und Ergänzungen haben – und natürlich auch, wenn Ihnen etwas ganz besonders gefällt.

Alle Angaben in diesem Reiseführer sind gewissenhaft geprüft. Preise, Öffnungszeiten usw. können sich aber schnell ändern. Für eventuelle Fehler übernimmt der Verlag keine Haftung.

© 2013 TRAVEL HOUSE MEDIA
GmbH, München
MERIAN ist eine eingetragene Marke der GANSKE VERLAGSGRUPPE.

Alle Rechte vorbehalten. Nachdruck, auch auszugsweise, sowie die Verbreitung durch Film, Funk, Fernsehen und Internet, durch fotomechanische Wiedergabe, Tonträger und Datenverarbeitungssysteme jeglicher Art nur mit schriftlicher Genehmigung des Verlages.

BEI INTERESSE AN DIGITALEN DATEN AUS DER MERIAN-KARTOGRAPHIE:
kartographie@travel-house-media.de

BEI INTERESSE AN MASSGESCHNEI-DERTEN MERIAN-PRODUKTEN:
Tel. 0 89/4 50 00 99 12
veronica.reisenegger@travel-house-media.de

BEI INTERESSE AN ANZEIGEN:
KV Kommunalverlag GmbH & Co KG
Tel. 0 89/9 28 09 60
info@kommunal-verlag.de

Ein Unternehmen der
GANSKE VERLAGSGRUPPE

TRAVEL HOUSE MEDIA
Postfach 86 03 66
81630 München
merian-live@travel-house-media.de
www.merian.de

3. Auflage

PROGRAMMLEITUNG
Dr. Stefan Rieß
REDAKTION
Juliane Helf, Susanne Kronester
LEKTORAT
Ewald Tange, tangemedia, München
BILDREDAKTION
Lisa Grau, Tobias Schärtl
SCHLUSSREDAKTION
Ulla Thomsen
SATZ
Ewald Tange, tangemedia, München
REIHENGESTALTUNG
Independent Medien Design,
Elke Irnstetter, Mathias Frisch
KARTEN
Gecko-Publishing GmbH
für MERIAN-Kartographie
DRUCK UND BUCHBINDERISCHE VERARBEITUNG
Stürtz Mediendienstleistungen, Würzburg

PEFC/04-31-1404

BILDNACHWEIS

Titelbild (Abbaye de Sénanque), Look-foto: J. Richter
Alamy: Marka 64 • Anzenberger: G. Sioen 9 u. • Bildagentur Huber: Belenos 24, S. Raccanello 34 • Corbis: J. Hicks 56 • dpa Picture-Alliance: P. Richardson 10/11 • Gourmet Picture Guide 12, 60 • Hemis.fr 44, Ph. Renault 50 • laif: F. Charton/hemis.fr 26, R. Cintract/hemis.fr/4, 70, J. Cornish/Arcaid 46, F. Guiziou/Hemispheres Images 9 o., I. Hanning/REA 81, N. José/hemis.fr 21, G. Knechtel 94, H. Krinitz 2, 75, L. Maisant/hemis.fr 92/93, C. Moirenc/hemis.fr 66, 78, 88, F. Siemers 22, A. Soumillard/Hemispheres Images 91, J. Sudres/hemis.fr 14, F. Tophoven 41 • mauritius images/imagebroker: U. Niehoff 30 • Shutterstock: Bertl123 32/33, N. Dimitrov/ecobo72, A. Karelias 54, PHB.cz (R. Semik) 29 • Superbild: Splendid 84/85 • Wallis.fr: C. Moirenc 43